JN060403

■ビジネスコミュニケーション検定試験の概要

検定は「筆記試験」で行われます。検定は1種類で，級位認定はありません。

下の表は，「試験規則」「試験施行細則」の内容などから概要を表形式にまとめたものです。

実施時期	年1回（12月 第3日曜日午後）
合格基準	100点満点（50問×2点）で70点以上
試験時間	制限時間　40分
試験形式	4つの短い文章から正解を一つ選ぶ形式　※出題範囲と問題の配当数は，本書p.3に掲載
受験料	1,300円

■本書の特色と使い方

本書は，「ビジネスコミュニケーション検定試験」に合格するとともに，社会に出たときにも役立つよう，基本的な内容をコンパクトにまとめました。下記の特色を理解したうえで，有効に活用して下さい。

①テキストの構成は，以下のようになっています。

　・「1．ビジネスマナーに関する内容」対策：第1章〜第3章

　・「2．コミュニケーションに関する内容」対策：第4章〜第7章

　・「3．総合問題」対策：第10章

　・「4．ビジネスに関する時事問題」対策：第9章

　※なお，検定試験の出題範囲外ですが，実際の面接試験の対策として「第8章　面接」を掲載しています。

②テキスト中に掲載している「練習問題」は，実際の検定試験の形式にあわせています。また，巻末には，検定試験過去問題を掲載しています。

③自習時間や家庭学習でも学びやすいように，イラストを多く取り入れたり，表形式でまとめたり，漢字表記には「ふりがな」を多めに付けるなど，理解を助ける工夫をしています。

■検定試験の出題範囲

1．ビジネスマナーに関する内容
〔25問〕

（1）応対に関するビジネスマナー
ア．身だしなみ・表情・身のこなし
①身だしなみの基本
②男性の身だしなみ
③女性の身だしなみ
④表情
⑤身のこなし
イ．あいさつ
①場面に応じたあいさつ
②お辞儀
ウ．言葉遣い
①敬語の種類
（尊敬語・謙譲語・丁寧語）
②場面に応じた敬語の使い方
③ビジネスの場での言葉遣い
エ．名刺交換・紹介
①名刺交換
②紹介
オ．訪問・来客応対
①アポイント（訪問予約）
②訪問
③受付・案内・見送り
④お茶の接待
⑤席次
カ．電話応対
①電話の受け方
②電話のかけ方
③場面に応じた電話応対
④携帯電話の使い方

（2）交際に関するビジネスマナー
ア．冠婚葬祭
①冠婚葬祭の基本
②慶事
③弔事
④贈答
イ．食事
①テーブルマナーの基本
②日本料理・和食
③西洋料理・洋食
④中国料理
⑤立食スタイル

（3）接客に関するビジネスマナー
ア．接客
①接客の心構え
②商品知識
③購買心理
④販売スキル
イ．ホスピタリティ

2．コミュニケーションに関する内容
〔15問〕

（1）経営組織と人間関係
ア．経営組織と意思決定
①経営組織の種類
②意思決定の方法
イ．業務の進行
①業務の進行方法
②スケジュール管理

（2）コミュニケーションの重要性
ア．職場の人間関係
①社会人の資質とルール
②組織の一員としてのルール
③信頼関係と人的ネットワーク
イ．コミュニケーションの基本
①コミュニケーションの種類
②コミュニケーションの方法
③論理的な考え方
④ディベート

（3）コミュニケーションの実際
ア．ビジネスコミュニケーションの技法
①ディスカッション
②プレゼンテーション
③交渉
④苦情対応
⑤ソーシャルメディアの活用
イ．会議
①会議の目的・種類・形式
②会議の基本的な流れ
③会場設営
④議事の進行
⑤議事録
ウ．ビジネス文書
①ビジネス文書の基本
②社内文書
③社外文書
④社交文書
⑤文書の受発信
⑥電子メール

3．総合問題
〔5問〕
実際のビジネスの場面を想定した内容

4．ビジネスに関する時事問題
〔5問〕

〔各2点・計50問〕

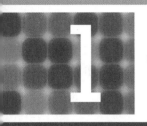

応対に関するビジネスマナー

1 挨拶　**2** 身だしなみ・表情・身のこなし　**3** 言葉遣い　**4** 名刺交換と紹介
5 訪問・来客の応対　**6** 電話の応対　**7** 席次のマナー

1 挨拶

1 場面に応じた挨拶

　コミュニケーションは**挨拶**❶から始まる。言葉だけでなく，笑顔や握手，**お辞儀**なども挨拶である。挨拶には，心を開き，お互いを理解するという意味がある。気持ちよく仕事を進めるために，場面に応じた挨拶を自分から積極的に明るく行うように心掛ける。

1 廊下で出会った場合……………………………………………

　来客や社内の人とすれ違う場合は，端に寄り，立ち止まって会釈をし，「おはようございます」などと挨拶をする。ただし，相手が話しながら歩いてきた場合は，話を中断させないように，だまって会釈（黙礼）をする。

2 階段で出会った場合……………………………………………

　相手が自分より下の段から来る場合は，端に寄って待ち，同じ段まで来たところで挨拶をする。相手が上の段から降りて来る場合は，自分の目線の高さが相手より下にあるため，すぐに挨拶をする。階段では，内側や手すり側を相手のためにあけ，反対側に寄って道を譲り挨拶をする。

3 エレベーターに乗る場合………………………………………

　会釈してエレベーターに乗るようにする。来客が乗ってくる場合は，脇に寄って待ち，会釈して奥に招く。操作盤の前にいるときは，「何階でしょうか」と声を掛ける。

4 腰をかけている場合……………………………………………

　椅子から立ち上がり，下座側に少し寄ってから挨拶をする。受付などで席に着いたまま挨拶をする場合は，背筋を伸ばし，上体をまっすぐにする。

5 握手をする場合…………………………………………………

　微笑んで名乗り，相手の目を見ながら右手を差し出し，3秒ほど握手をする。このとき，お辞儀はしない。

❶　「あ・い・さ・つ」のポイント
・あ…明るく
・い…いつでも
・さ…先に
・つ…（会話を）続ける

◆場面に応じた挨拶
●廊下で出会った場合

●階段で出会った場合

●エレベーターに乗る場合

●腰をかけている場合

●握手をする場合

2 お辞儀

まず，背筋を伸ばした正しい姿勢(しせい)で立ち，相手の目を見て，挨拶(あいさつ)の言葉の終わりかけから腰(こし)を折り始める。お辞儀をしたところで一度動作を止める。そして，上体をゆっくり上げて，視線(しせん)を相手の目に戻(もど)す❷。お辞儀には，会釈(えしゃく)・普通礼(ふつうれい)（敬礼(けいれい)）・最敬礼(さいけいれい)の３つの種類があり，TPO❸によってそれぞれを使い分けることが大切である。

1 会釈

会釈は，同僚(どうりょう)や親しい間柄(あいだがら)の人に対するお辞儀であり，廊下ですれ違(ちが)ったときや，エレベーターの中などで用いる。「失礼いたします」などの挨拶とともに，上体を約15°傾(やく)け(かたむ)，視線は約３m先に向ける❹。

2 普通礼（敬礼）

普通礼（敬礼）は，来客を迎(むか)えるときなど，受付や一般的(いっぱんてき)な場面でのお辞儀である。「いらっしゃいませ」「おはようございます」などの挨拶とともに，上体を約30°傾け，視線は約1.5m先に向ける。

3 最敬礼

最敬礼は，深い感謝(かんしゃ)やお詫(わ)び，見送りなどに用いる非常に丁寧なお辞儀である。「ありがとうございました」「申し訳(わけ)ございません」などの挨拶とともに，上体を約45°傾け，視線は約１m先に向ける。

❶ 両足のかかとを揃え，つま先を少し開くとよい。

❷ 分離礼(ぶんりれい)という。相手より先に頭を下げ，相手より後から頭を上げる気持ちでするとよい。また，言葉を発しながらお辞儀をする同時礼(どうじれい)もある。

❸ TPOとは，
Time：時間
Place：場所
Occasion：場合
の頭文字(かしらもじ)をとった略語(りゃくご)である。

❹ 会釈は，歩きながらでなく，立ち止まってする。動作を分けることで，より丁寧な印象を与えることができる。

◆お辞儀の使い分け

会釈	普通礼（敬礼）	最敬礼

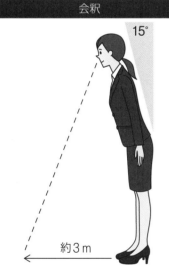
15°
約3m

30°
約1.5m

45°
約1m

同僚(どうりょう)や親しい間柄(あいだがら)の人に対するお辞儀(じぎ)。通路ですれ違ったときや，エレベーター内などで用いる。首だけ振ったり，上目(うわめ)づかいに相手の顔を見たりしない。

来客(らいきゃく)を迎(むか)えたり，見送(みおく)ったりするときの一般(いっぱん)的なお辞儀(じぎ)。背筋(せすじ)を伸ばし，腰(こし)から傾(かたむ)けるようにする。

非常(ひじょう)に丁寧(ていねい)なお辞儀(じぎ)で，深い感謝(かんしゃ)の気持ちやお詫(わ)びなどで用いる。背筋(せすじ)を伸ばしたまま上体(じょうたい)を傾(かたむ)け，視線(しせん)は自然に落とす。

●挨拶や応対時によく使われる用語●

①いらっしゃいませ
②ありがとうございます
③いつもお世話になっております
④またどうぞお越しくださいませ
⑤申し訳ございません
⑥恐(おそ)れ入ります
⑦かしこまりました
⑧失礼いたします
⑨少々お待ちくださいませ
⑩お待たせいたしました

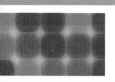

（1） 場面に応じたあいさつについて，次のなかから最も適切なものを一つ選びなさい。

　ア．出社したときに，他の部署の社員にはあいさつをせず，同じ部署の上司や同僚にだけあいさつをした。

　イ．外出先から帰社したときに，「ただいま戻りました」と静かに近くの社員だけに声をかけ，上司の仕事の邪魔をしないようにした。

　ウ．客が帰るときにエレベーターまで案内し，「こちらで失礼します」と声をかけてドアが閉まるまでお辞儀をして見送った。

　エ．訪問先のトイレで担当者と偶然顔を合わせたので，「お世話になっております」と声をかけてその場で打ち合わせを始めた。

〈第11回試験出題〉

（2） お辞儀について，次のなかから適切でないものを一つ選びなさい。

　ア．背中が丸くならないように背すじを伸ばし，腰を曲げて上体を傾ける。

　イ．お礼やお詫びをするときは，上体を45度傾ける。

　ウ．両足のかかとをそろえ，つま先は少し開く。

　エ．握手を求められたときは，握手をしながらお辞儀もする。

〈第5回試験出題〉

（3） あいさつについて，次のなかから最も適切なものを一つ選びなさい。

　ア．常に明るく元気よく大きな声であいさつをする。時間や場所，相手の立場によって変える必要はない。

　イ．帽子やサングラスは，屋外であれば着用したままあいさつをしてもよい。

　ウ．一度あいさつをした同僚には，その日のうちにまた会ってもあいさつをする必要はない。

　エ．あいさつは人間関係を築くコミュニケーションなので，取引先や客とだけでなく，職場でも自分から積極的にするとよい。

〈第12回試験出題〉

（4） あいさつについて，次のなかから適切でないものを一つ選びなさい。

　ア．あいさつは相手の目を見て行い，しっかりと目線を合わせるようにする。

　イ．相手からあいさつされるのを待つのではなく，自分から先にするよう心掛ける。

　ウ．あいさつには，言葉だけではなく笑顔や握手も含まれる。

　エ．社内で宅配業者や警備員とすれ違ったときは，あいさつをしなくてもよい。

〈第8回試験出題〉

（5） 最敬礼について，次のなかから最も適切なものを一つ選びなさい。

　ア．来客を迎えるときや他社を訪問したときにおこなう。背筋を伸ばして上体は30度くらい傾ける。

　イ．感謝，謝罪を表すときや客を見送るときにおこなう。上体は45度くらい傾ける。

　ウ．お辞儀をせずに敬意を表すときにおこなう。相手と目を合わせ上体は倒さずに目を伏せる。

　エ．出社，退社するときや，人の前を通るときにおこなう。上体は15度くらい傾ける。

〈第11回試験出題〉

2 身だしなみ・表情・身のこなし

1 身だしなみ

　身だしなみとは，自分の服装や髪型，持ち物などの外見を整えることである。特に相手が初対面の場合は，他に判断する材料がないので，外見だけで判断され，**第一印象**として強く残ることがある。❶

　ビジネスでは，たくさんの人との出会いがある。身だしなみが，その人への評価や会社への評価に大きく影響する可能性がある。したがって，初対面の人によい第一印象を与えられるように，身だしなみを整えることは大切なマナーである。

1 清潔感のある身だしなみ（清潔感）‥‥‥‥‥‥‥‥‥‥‥‥‥‥

　身だしなみで，はじめに心掛けなくてはならないことは**清潔感**である。どんなに高価な服を着ていても，相手に不潔な印象を与えたのでは，せっかくの服装も台無しである。髪から靴にいたるまで，気を配って手入れをし，清潔さを保つことが重要である。

2 機能性のある服装（機能性）‥‥‥‥‥‥‥‥‥‥‥‥‥‥‥‥‥‥

　職場は働く場所であるから，働きやすく，**機能性**のある服装を心掛けることが大切である。❷ 行き過ぎた装飾や凝ったデザインの服装は，自由な動きがしづらくなる場合もあるので注意する。

3 ふさわしい身だしなみ（周りとの調和）‥‥‥‥‥‥‥‥‥‥‥‥

　次に大切なことは，**周りとの調和**である。自分の地位や年齢，職場の雰囲気に見合った身だしなみにすることが大切である。服装にあまり気を使わなかったり，逆に派手だったり，あまりにも高価な服装だったりすると，職場の調和を欠くことにもなってしまう。全体の調和に気を配りながら，TPOに合わせて自分の個性を生かす装いをすることが重要である。

❶ アメリカの心理学者メラビアンが唱えたメラビアンの法則によると，初対面の場合に相手に与える印象の割合は，
・見た目（外見）　　　55%
・話し方（声のトーン）38%
・話の内容（言葉）　　 7%
といわれている。

❷ 地球温暖化対策のため，環境省は，2005（平成17）年夏から，冷房時の室温を28℃にしてもオフィスで快適に過ごせる「クールビズ（COOL BIZ）」を推進している。具体的には，「ノーネクタイ」「ノージャケット」などの軽装である。

◆身だしなみ
●男性の身だしなみの一例

ネクタイはスーツと調和したもの。

スーツの色は黒と紺が定番。グレー・茶系統でもよい。無地に近いものを選ぶ。

ワイシャツはアイロンのきいたもの。

折り目のついた膝がぬけていないズボン。

かばんは黒か茶色で，汚れがついていないもの。バックパック（リュックサック）よりも，手提げカバンがよい。

靴下は黒が基本で，紺・グレー・茶色など，スーツの色と合わせる。

靴は黒かダークブラウンで，よく磨かれたもの。

●女性の身だしなみの一例

アクセサリーはアクセントにとどめる。

髪型は派手にせずセンスよく。

化粧はあかるく知的に。

服装は機能的で清潔感のあるもの。

マニキュアは好感の持てる程度に。

かばんは使いやすいものを選ぶ。

スカートはTPOに合わせる。

ストッキングはベージュが無難。

ヒールのついた靴で，疲れにくく動きやすいもの。ハイヒールは不可。

2 表情と目線

◆スタンバイスマイル

眉間を開く。

唇を軽く閉じたまま口角を上げる。

1 表情

表情は，相手に好印象を与える重要な要素である。特に，**笑顔**は相手に安心感や親近感を与える効果がある。

▶1 スタンバイスマイル

スタンバイスマイルとは，すぐにでも笑顔で応対できる表情のことである。眉間を開き，唇を軽く閉じたまま口角（唇の両端部分）を上げる。口を閉じたまま「い」と発声すると口角が持ち上がる。

▶2 よい笑顔（微笑）

目に優しさがあり，口角が上がり，歯が少し見える笑顔がよい。

◆よい笑顔（微笑）

口角が上がり，歯が少し見える笑顔。

2 目線の位置

会話をするとき，目線をずっと合わせたままではお互いに疲れてしまう。逆にほとんど目線を合わせないと，誠意が伝わらず，自信がないようにも見える。

目線の位置は，相手の首から胸元の範囲に保ち，話のはじめや終わり，特に伝えたい話題などでは，目線を合わせて話す。

3 身のこなし

美しい姿勢やスマートな動作は，周囲の雰囲気を良くする。何かをしながら他の動作を行うのではなく，一つひとつの動作にメリハリをつけて行うと相手に好印象を与えることができる。

1 手先の使い方

立ち姿やお辞儀のときの手は，指先をそろえて伸ばし，女性は自然に手を前に下ろした位置で重ね，男性はズボンの縫い目に手を添わせて下ろすとよい。また，手のひらで何かをさし示すときは，指先をそろえて示すときれいに見える。

何か物をつかむときは，わしづかみをするのではなく，影絵できつねをつくるようなイメージでつかむと美しく見える。さらに，物を受け渡しするときは，両手で丁寧に行う。ドアの開閉や電話の受話器を持つときなどは，片手ではなく，あいているもう片方の手を少し添えるとよい。

◆手先の使い方
●指先をそろえて示す

あちらのソファーにおかけになってお待ちください。

●物のつかみ方

きつねをつくるようなイメージでつかむ。

2 歩き方

　背筋を伸ばして，姿勢よく前方を見て歩く。肩をゆすったり，足をすったりしないよう気をつける。また，足首に力を入れ，膝をまげない。

◆歩き方のポイント

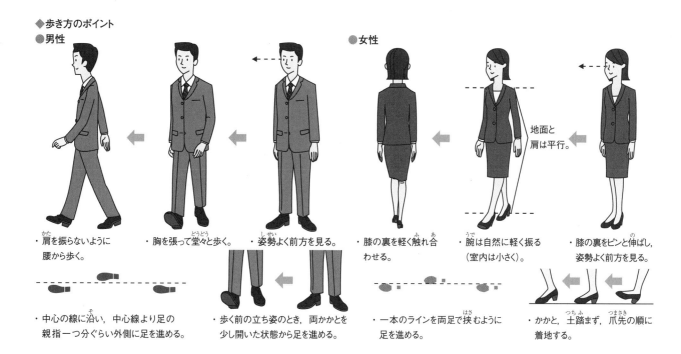

●男性

・肩を振らないように腰から歩く。

・胸を張って堂々と歩く。

・姿勢よく前方を見る。

・中心の線に沿い，中心線より足の親指一つ分ぐらい外側に足を進める。

・歩く前の立ち姿のとき，両かかとを少し開いた状態から足を進める。

●女性

・膝の裏を軽く触れ合わせる。

・腕は自然に軽く振る（室内は小さく）。

地面と肩は平行。

・膝の裏をピンと伸ばし，姿勢よく前方を見る。

・一本のラインを両足で挟むように足を進める。

・かかと，土踏まず，爪先の順に着地する。

3 足の運び

　椅子にかけるときや，椅子から立つときは，スリーステップで足を運ぶと，美しく見える。

▶1 椅子へのかけ方

　椅子を机から引き出し，椅子の左側に立ちスリーステップで着席したあと，少し腰を浮かせて椅子を机のほうへ引き寄せる。

◆足の運び方（スリーステップ）

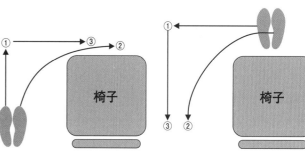

●椅子にかけるとき　　●椅子から立つとき

◆椅子へのかけ方（正面から見た場合）

① 　　　② 　　　③ 　　　着席

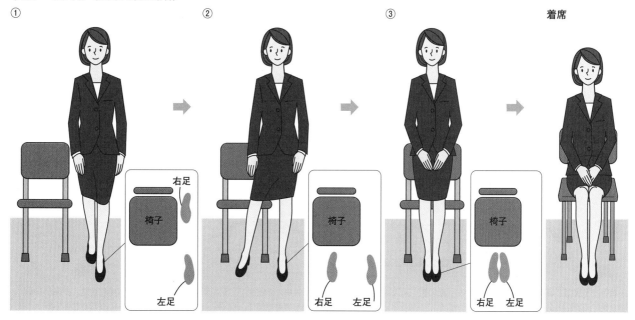

▶2　座り方

背筋をしっかりと伸ばし，椅子に深くL字にかける。背もたれに寄りかからず，背中と背もたれとの間を少しあけておくとよい。

❶ ソファーに座るときは，浅くかける。

◆座り方
●男性の座り方

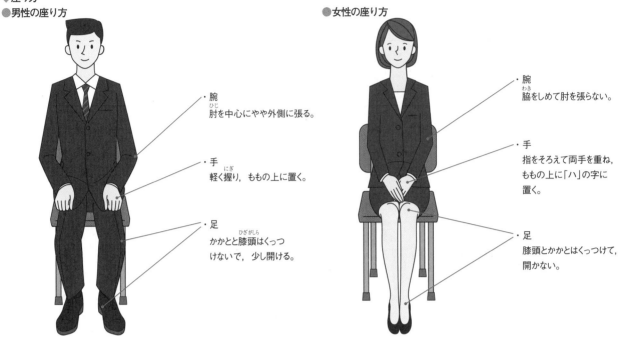

・腕
肘を中心にやや外側に張る。

・手
軽く握り，ももの上に置く。

・足
かかとと膝頭はくっつけないで，少し開ける。

●女性の座り方

・腕
脇をしめて肘を張らない。

・手
指をそろえて両手を重ね，ももの上に「ハ」の字に置く。

・足
膝頭とかかとはくっつけて，開かない。

▶3　立ち方

少し腰を浮かせながら椅子を引き出し，スリーステップで椅子の左側に立つ。そのあと，机のなかに椅子をかたづける。

4　足の流し方

低い椅子やソファーなどに座るとき，女性はななめに足を流すと美しく見える。この場合，手は流した側と反対のももの上に置くとよい。

◆足の流し方

・上半身はくずさない。

・手は流した側と反対側のももの上に置く。

・膝ははなさず，外側の足が半足分，前に出るように一本線で重ねて流す。

5　品物の渡し方

品物を渡すときは，まず胸の高さに品物を持つ。その際，右手で右上端を持ち，左の手のひらを左下端に置く。左の手のひらの上で，右手を使って品物を180°回転させ，相手から見て正面になるように向きを変え両手で差し出す。❷

❷ 品物の受け渡しは，両手で行うのが原則である。

6　花束の持ち方・渡し方

花束は中央を左手で，束ねてある根元を右手にし，花のほうを高くして持つのが基本である。花束を渡すときは，相手が抱えやすいように，逆に持ち変えて渡す。中央を右手で，根元を左手に持って，相手に渡すとよい。

◆品物の渡し方

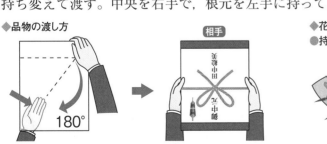

相手

①右手で右上端を持ち，左の手のひらを左下端に置く。
②右手で品物を180°回転させ，両手で差し出す。

◆花束の持ち方・渡し方
●持ち方

花束は中央を左手で，束ねてある根元を右手で持つ。

●渡し方

花束を渡すときは，中央を右手で，束ねてある根元を左手で持つ。

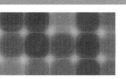

練習問題②

（1）　オフィスにおける服装について，次のなかから最も適切なものを一つ選びなさい。

　　ア．自分の好みよりも，職場に調和しているかを優先して選ぶとよい。

　　イ．個性を出すために，派手な色や華美なデザインの服装を選ぶとよい。

　　ウ．シワや汚れがあっても，服の色やデザインが良ければ気にしなくてもよい。

　　エ．デスクワークが中心の場合，見た目や動きやすさは気にしなくてもよい。

〈第11回試験出題〉

（2）　「女性の身だしなみ」について，次のなかから適切でないものを一つ選びなさい。

　　ア．高圧的に感じられるような高いヒールの靴は，避けたほうがよい。

　　イ．クールビズ期間は，スカートを着用する際にストッキングを履かなくてよい。

　　ウ．髪が長い場合は，後ろで束ねたりピンで留めたりするとよい。

　　エ．化粧は派手なものやノーメイクは避け，健康的に見える程度がよい。

〈第12回試験出題〉

（3）　「男性の身だしなみ」について，次のなかから適切でないものを一つ選びなさい。

　　ア．ベルトは上着で隠れるため，色や柄，素材はどのようなものでもよい。

　　イ．スーツの色は，赤や白など派手なものではなく，黒や紺，グレーなどがよい。

　　ウ．ネクタイは派手な柄は避け，スーツの色に合ったものを選ぶとよい。

　　エ．靴はスニーカーではなく，黒やダークブラウンの革靴を履くとよい。

〈第11回試験出題〉

（4）　会話中の表情について，次のなかから最も適切なものを一つ選びなさい。

　　ア．相手を緊張させないように，終始目線を合わせないほうがよい。

　　イ．相手に真剣さが伝わるように，常に眉を寄せたままにしておくとよい。

　　ウ．マスクを着用していれば顔が覆われているので，表情は特に気にしなくてよい。

　　エ．相手に安心感を与えるように，口角を少し上げ，自然な笑顔を作るとよい。

〈第11回試験出題〉

（5）　ビジネスの場での身のこなしについて，次のなかから最も適切なものを一つ選びなさい。

　　ア．椅子に座るときは，背もたれに背中を預け，リラックスして腰掛ける。

　　イ．手のひらで何かを指し示すときは，目立つように大きく指を広げる。

　　ウ．テーブルに物を置くときは，音を立てないように小指を先につけてからゆっくりと置く。

　　エ．廊下を歩くときは，周囲に音が響かないように，すり足ですべるように歩く。

〈第5回試験出題〉

3 言葉遣い

1 敬語の使い方

ビジネスの場面では，その場にふさわしい**敬語**を正しく使い分けなくてはならない。敬語には，相手または話の中の第三者を敬う気持ちを表す**尊敬語**，自分や身内をへりくだって表現する**謙譲語**，相手に敬意を表して使う**丁寧語**がある。特に尊敬語と謙譲語は，使い分けがむずかしいので，注意して使用する。また，**二重敬語❶**にならないように気をつける。

丁寧語の中で，「お」や「ご」をつけて食べ物や物事を美化して述べる言葉を**美化語❷**という。ただし，外来語（カタカナ言葉）や，悪い意味を持つ言葉には「お」や「ご」はつけない。

❶ 一つの語について，同じ種類の敬語を二重に使った不適切な表現のこと。ただし，一部習慣として定着しているものもある。
【二重敬語の例】
・「お読みになられる」
「お読みになる」→尊敬語
「読まれる」→尊敬語
・「見えられる」
「見える」→「来る」の尊敬語
「お見えになる」→尊敬語

◆敬語の種類

尊敬語	謙譲語	丁寧語
 本日はようこそお越しくださいました。	 お先に失礼いたします。	 今週末は旅行で温泉に行きます。

普通語	尊敬語	謙譲語
会う	お会いになる	お目にかかる
あげる	くださる，賜る	差し上げる
言う	おっしゃる	申す，申し上げる
行く，来る	いらっしゃる，おいでになる，お見えになる，お越しになる	参る，伺う
いる	いらっしゃる，おいでになる	おる
思う	思われる，お思いになる	存じる
借りる	お借りになる	拝借する
聞く	お聞きになる	承る

普通語	尊敬語	謙譲語
くれる	くださる	―
知る	お知りになる，ご存じ	存じる，存じ上げる
する	なさる	いたす，させていただく❸
尋ねる	お尋ねになる	伺う
食べる	召し上がる	いただく
ついていく	ご一緒される	お供する
訪問する	訪問なさる	伺う
見る	ご覧になる	拝見する
もらう	―	いただく

マニュアル敬語（コンビニ・ファミレス敬語）

アルバイトが多数を占める飲食店・サービス業などで，従業員が多用している誤った敬語表現のことである。一例を示すと以下のとおりである。

誤った使い方	正しい使い方
×こちらがメニューになります。	○こちらがメニューでございます。
×ライスとパンどちらにいたしますか。	○ライスとパンどちらになさいますか。
×以上でよろしかったでしょうか。	○以上でよろしいでしょうか。
×5分ほどお待ちいただく形になります。	○5分ほどお待ちいただきます。
×お食事のほうをお持ちしました。	○お食事をお持ちしました。
×一万円からお預かりします。	○一万円お預かりします。
×明日はお店を休まさせていただきます。	○明日はお店を休ませていただきます。

❷ 【美化語の例】
「酒・料理・飯・祝儀」
→「お酒・お料理・ご飯・ご祝儀」
【間違った美化語】
おコーヒー・おビール・おトイレ・お災害など。

❸ 相手や第三者が，その動作について許可をしているときに使用する。

1　クッション言葉

　ビジネスの場面では，お願いをするときや断るとき，反論するときなど，相手の気持ちに配慮せずにそのまま伝えると，相手が不快な思いをすることがある。このようなとき，前置きに使い，相手に柔らかな印象を与える言い回しを**クッション言葉**という。

❶　ビジネス枕詞ともいう。

◆クッション言葉の種類と使い方

使用する場面	クッション言葉	あとに続く例
たずねるとき	失礼ですが	どちら様でいらっしゃいますか。
	よろしければ	こちらをお使いになりますか。
お願いするとき	お手数ですが	こちらにご記入いただけますか。
	差し支えなければ	ご用件をお聞かせいただけませんでしょうか。
	ご面倒ですが	改めてお越しいただけますでしょうか。
	恐れ入りますが	こちらでは携帯電話の電源をお切りください。
断るとき／お詫びをするとき	あいにくですが	本日は満席でございます。
	残念ながら	今回は見送らせていただきます。
	身に余るお言葉ですが	ご期待に添えそうにありません。
	せっかくですが	ほかの予定が入っております。
	申し訳ございませんが	私ではわかりかねます。
反論するとき	お言葉を返すようですが	その案には賛成いたしかねます。
	ごもっともでございますが	○○のため賛同しかねます。

2　ビジネスシーンでの丁寧な言い回し

　同じ内容でも，言い回しを変えることで，相手に与える印象が柔らかくなる。相手の立場や状況に心を配る姿勢を持ち，丁寧さや相手への配慮を表す言葉遣いを心がける。

▶1　物事を依頼するとき

　「クッション言葉＋依頼形」で，「お手数ですが，○○していただけますでしょうか」のように表現するとよい。

▶2　断るとき

　直接的な言い方を避け，クッション言葉を用いる。そのうえで理由を述べたり，代案を示し，相手の意向をたずねたりすると受け入れてもらいやすい。

▶3　お詫びをするとき

　相手に迷惑をかけたり，ミスを指摘されたりしたときは，きちんとお詫びをして誠意を伝える。クッション言葉を用い，相手を尊重する姿勢を示すべきである。

▶4　「結構です」という表現

　「結構です」は，肯定的な「はい」と，否定的な「いいえ」の両方の意味で使われる。言い換えるなどの配慮が必要である。

◆ビジネスシーンでの丁寧な言い回し

●「できません」
✕　それはできません。

●クッション言葉を用いる
○　申し訳ございませんが，いたしかねます。

●代案を示す
○　その件はいたしかねますが，代わりにこちらではいかがでしょうか。

●「ありません」
✕　ご希望の商品はありません。

●クッション言葉を用いる
○　申し訳ございませんが，ただいま切らしております。

●誠意を伝える
○　申し訳ございませんが，ただいま切らしております。よろしければすぐに手配いたします。

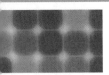

練習問題③

（1） 敬語の種類について，次のなかから最も適切なものを一つ選びなさい。

ア．美化語はものごとを上品に言い表す言葉であり，「お料理」「ご飯」といった使い方をする。

イ．謙譲語は相手に対して敬意を表す言葉であり，「召し上がる」「おいでになる」といった使い方をする。

ウ．尊敬語は自分や身内をへりくだって表す言葉であり，「申し上げる」「存じ上げる」といった使い方をする。

エ．丁寧語は二重に敬語を用いるていねいな言葉であり，「おっしゃられる」「お読みになられる」といった使い方をする。

〈第12回試験出題〉

（2） 普通語に対する尊敬語・謙譲語の組み合わせとして，次のなかから最も適切なものを一つ選びなさい。

	普通語	尊敬語	謙譲語
ア	来る	参る	おこしになる
イ	見る	ご覧になる	拝見する
ウ	聞く	おっしゃる	拝聴する
エ	する	いたす	なさる

〈第11回試験出題〉

（3） 相手に柔らかな印象を与えるクッション言葉について，下記の空欄に入る言葉として，次のなかから最も適切なものを一つ選びなさい。

「　　　　　　　　　　，こちらでは携帯電話の電源をお切りください」

ア．せっかくのお話ですが

イ．身に余るお言葉ですが

ウ．恐れ入りますが

エ．お言葉を返すようですが

〈第11回試験出題〉

（4） いわゆる「マニュアル敬語」ではない正しい言葉遣いとして，次のなかから最も適切なものを一つ選びなさい。

ア．「こちらが領収書の方になります」

イ．「ご注文は以上でよろしかったでしょうか」

ウ．「5,000円からお預かりいたします」

エ．「店内で召し上がりますか」

〈第11回試験出題〉

4 名刺交換と紹介

1 名刺交換

名刺は，その人の顔，人格，その人自身であり，ビジネス活動において非常に大切である。また，名刺は人脈作りにも重要な役割を果たしている。名刺交換の基本的なルールを学び，丁寧に扱うことが大切である。

1 名刺の渡し方

①名刺交換は立って行い，胸の位置で受け渡す。

②目下の者から先に出し，訪問者と接客側では，訪問者から先に出す。

③紹介者がいる場合には，紹介された順に出す。

④名刺は，名刺入れの上で会社名・所属部署・氏名をはっきり名乗りながら，相手に文字が読めるような向きで，両手で差し出す。

2 名刺の受け方

①名刺は文字の上に指をのせずに両手で受け取る。受け取った名刺は左の手のひらにのせ，右手を添える。

②受け取った名刺にはよく目を通し，相手の名前・会社名・肩書を覚える。むずかしい字で読めないときは，その場で確認する。

③受け取った名刺は，「ちょうだいします」と一言そえて名刺入れに丁寧にしまう。また，相手が複数いるときは，名前を覚えるまでしばらくテーブルの上に並べておいてもよい。

3 名刺の同時交換

①目下の者から名乗り，たがいに名乗ったら右手で名刺を持ち，相手に文字が読める向きで相手の名刺入れの上に置く。

②自分の名刺入れの上に，相手の名刺を置いてもらう。

③左手の名刺入れの上で受け取った名刺を，自分側に引き寄せながら，右手を左手に添えて両手で持つ。

4 名刺の扱い

①名刺は，名刺入れに入れて持参する。角が折れていたり，手あかがついているような名刺は出さない。また，名刺を切らして恥をかかないように，常に10枚程度は入れておく。名刺入れを忘れたり，名刺を切らしてしまったときなどは，後日渡すか郵送する。

②受け取った名刺は，必要な時にすぐに取り出せるように，名前や会社名の50音順，業種別などで整理しておく。名刺をもらったら，その日のうちに裏面に，日付・場所・用件，その人の特徴などを書き込んでおくとよい。ただし，名刺交換をした場では記入しない。

③保管している名刺の内容に変更があったときは，すぐに修正や加筆をする。また，複数ある名刺や不用になった名刺は，シュレッダーなどで廃棄する。

◆名刺の渡し方

実教商事の佐藤花子と申します。

ちょうだいします。

相手に文字が読める向きで，両手で渡す。

◆名刺の受け方

実教商事
佐藤 花子

文字の上に指をのせない。

実教商事
佐藤 花子

名刺は両手で受け取る。

◆名刺の扱い

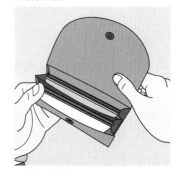

・名刺は名刺入れに入れて持ち歩く。
・角が折れていたり，手あかがついているような名刺は使わない。

◆名刺の同時交換

相手に文字が読める向きで相手の名刺入れの上に置く。

2 紹介のルール

ビジネスに序列はつきものである。紹介者が間に入り，人を人に紹介する場合にも順番がある。

1 紹介には序列がある

▶1 紹介者は中間に立つ

紹介者は，双方のちょうど中間の位置に立ち，軽く手のひらを紹介する人に向けながら，それぞれを丁寧に紹介する。

▶2 三角ルールで紹介する

紹介の原則は，「下から上へ」「内から外へ」が一般的である。まず先に，目下の人を目上の人に紹介し，次に目上の人を目下の人に紹介する。同様に，年少者や社内の人を年長者や社外の人に紹介し，次に年長者や社外の人を年少者や社内の人に紹介するという順番になる。これは三角ルールと呼ばれる。

▶3 社内の上司には敬称をつけない

社内の人や年少者を，社外の人や年長者に紹介するときは，「こちらは部長の○○です」や「総務課の○○です」と呼び捨てにする。「○○部長です」や「総務課の○○君です」などとは言わない。

▶4 社外の人には肩書や敬称をつける

社外の人を社内の人に紹介するときは，肩書があれば「銀座商事の○○課長です」などとする。「銀座商事課長の○○さんです」などとはしない。専務・常務といったかなり職位の高い人の場合には，「銀座商事専務の○○様です」などとする。

▶5 一度に大勢の人を紹介する

会議などで一度に大勢の人を紹介しなければならない場合には，役職や年齢にこだわっていると混乱するので，一般的には並んでいる順に紹介する。あらかじめ，職位の高い順に並んでもらうようにするとよい。

2 社外の人は略歴も披露する

社外の人を上司や仕事の関係者に紹介するときは，「銀座商事の○○課長です」と伝えたあと，「先月初めに人事課から異動され，……」など，略歴を簡単に披露し，「○○課長にはいつも大変お世話になっております」などと感謝の一言を付け加えるとよい。

3 新入社員が心掛けるべきポイント

名刺を出すときに，「どうぞよろしく…」は誰でも言う言葉である。「今年入社しました○○と申します。よろしくご指導をお願いいたします」などと付け加えると相手の印象も良くなる。

◆三角ルール

1. 両者の間に立ち，Aの人をBの人に紹介する。

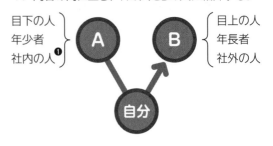

目下の人／年少者／社内の人❶　　目上の人／年長者／社外の人

2. 次にBの人をAの人に紹介する。

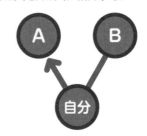

❶ ただし，複数の上司を相手方に紹介するときは，職位の高い上司から紹介する。

◆新入社員が心掛けるべきポイント

今年入社しました○○と申します。よろしくご指導をお願いいたします。

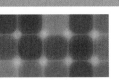

練習問題④

（1）　名刺交換について，次のなかから<u>適切でないもの</u>を一つ選びなさい。

ア．起立して相手の正面で名刺を交換する。間にテーブルがあるときは脇に移動する。

イ．会社名，部署，氏名を名乗り，相手が文字を読める向きにして名刺を渡す。

ウ．名刺を切らしたときは，会社名，部署，氏名をメモ用紙に記入して渡す。

エ．受け取った名刺は胸の高さで持ち，相手の名前や役職等を復唱して読み方を確認する。

〈第11回試験出題〉

（2）　名刺の管理について，次のなかから<u>適切でないもの</u>を一つ選びなさい。

ア．複数枚ある名刺や不用になった名刺は，シュレッダーを用いて廃棄する。

イ．最新の状態にしておくため，保管している名刺の内容に変更があった場合は，ただちに修正する。

ウ．得意先の担当者名を検索しやすいように，名刺交換をした日にちごとに分類して管理するとよい。

エ．名刺交換を大量に行う企業においては，社員が個別に管理するのではなく，名刺管理ソフトウェアを用いて会社全体で管理するとよい。

〈第8回試験出題〉

（3）　名刺交換について，次のなかから最も適切なものを一つ選びなさい。

ア．名刺を受け取るときは，相手の名前や会社のロゴに指がかからないようにする。

イ．名刺交換は，テーブル越しにお互いの目を見ながら，椅子に座ったまま行う。

ウ．名刺を差し出すときは，素早く渡すことが重要なので片手で渡す。

エ．その場で行った取引の内容などは，受け取った名刺に相手の目の前で書き込むとよい。

〈第7回試験出題〉

（4）　紹介の仕方について，次のなかから最も適切なものを一つ選びなさい。

ア．初対面の人同士を紹介するときは，共通の趣味や出身地，興味を引く話題などを交えておこなうとよい。

イ．取引先に上司を紹介するときは，名前，役職名の順で敬称をつけて紹介する。

ウ．自分が上司から紹介をされたときは，上司が部署，名前を相手に伝えているので特に自分からは名乗らない。

エ．上司に取引先の部長と担当者を紹介するときは，取引先の担当者，部長の順で上司に紹介してから上司を取引先の担当者と部長に紹介する。

〈第11回試験出題〉

（5）　営業部のXさんは，来訪した取引先と自社の社員を引き合わせることになった。Xさんがそれぞれを紹介する順序として最も適切なものを一つ選びなさい。

〈紹介する人物〉　取引先2名：社員A　課長B

自　社2名：同僚C　部長D

ア．A→B→C→D

イ．B→A→D→C

ウ．C→D→A→B

エ．D→C→B→A

〈第9回試験出題〉

5 訪問・来客の応対

1 アポイントのマナー

　人に会うときは，電話やメールなどで**アポイント**（**訪問予約**）をとっておくのが常識である。ビジネス活動では，アポイントを上手にとることが仕事を円滑に進める上で大切である。

❶　アポイントは，アポイントメント（appointment）の略である。

1 アポイントの取り方

▶1 用件を簡潔に伝える

　あらかじめ要点をメモしてから連絡をとる。まず，自分の社名と所属（部署・肩書），名前を名乗り，「△▽の件で○○常務にお会いしたいのですが」「□日の午後に20分ほどお時間をいただけないでしょうか」などと用件を伝える。ただし，昼休みや早朝，終業後などの時間帯は避けるのが常識である。また，こちらの同伴者名なども伝えておく。

▶2 相手の都合を優先する

　「○○常務の今週，来週のスケジュールはいかがでしょうか」などと，幅を持たせて聞く方法もあるが，あくまでも相手の都合に合わせてアポイントをとる。

▶3 職位の高い人へは直接電話しない

　社長・役員・役員待遇の部長など，職位の高い人に直接電話するのは失礼である。多くの場合，まず秘書か秘書に代わる人が電話に出るので，その人を通して相手のスケジュールを聞いてからアポイントをとる。

2 アポイントがとれたら

▶1 復唱して確認する

　メモを見ながら，日時・曜日・時間などを必ず復唱して確認する。

▶2 取り次ぎ者の名前も聞いておく

　アポイントを取り次いだ秘書や係の名前は，「恐れ入りますが，お名前をお聞かせいただけませんでしょうか」などと，必ず聞いて記録しておく。

▶3 前日に再確認する

　早い時期に約束した場合には，訪問前日には必ず電話し，予定に変更がないかを確認する。また，余程の理由がない限り，基本的にこちらからキャンセルはしない。

2 訪問

　アポイントがとれたら，訪問日に向けて十分な準備をする。まずは，持参する資料の整理，訪問先の情報収集，必要に応じて上司や先輩への同行依頼である。また，出発するときは，失礼のないよう身だしなみにも気を配り，必ず上司や先輩に訪問することを口頭で伝える。さらに行動予定表などに，訪問先・用件・帰社予定時刻などを記入するとよい。

◆アポイントをとる際の注意点
●職位の高い人には直接電話しない

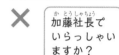

　加藤社長でいらっしゃいますか？

●復唱して確認する

　復唱いたします。○月○日○曜日，13時に御社までお伺いするということで，よろしいでしょうか。

●取り次ぎ者の名前も聞いておく

　恐れ入りますが，お名前をお聞かせいただけませんでしょうか。

1 訪問前

▶1 資料の確認

貴重な時間を有効に使うために，資料やカタログ，パンフレットなどを忘れていないかを確認する。また，パソコンなどを持ち込むときは，必要なデータがあるかを確認する。

▶2 10分前には訪問先に到着

約束の時間の10分前には訪問先に到着し，5分前には受付に向かう。受付がないときには，近くにいる社員に丁寧に挨拶をし，担当者を呼んでもらう。また，約束の時間に遅れそうなときは，できるだけ早く，遅くとも15分前にはお詫びとともに連絡をする。その際に，おおよその到着時刻を伝えることも重要である。

2 受付

▶1 建物前や入口まで

コートなどは建物の前で脱ぎ，内側を表にし，手に持って入る❶。帰るときも建物を出てから着るようにする。また，手鏡などを持っている場合は直前に，持っていないときは最寄りの駅の洗面所などで身だしなみをチェックする。さらに携帯電話は，マナーモードではなく，電源自体を切っておく。

▶2 受付に着いたら

受付ではまず，「おはようございます」「こんにちは」など，きちんと挨拶をする。次に，自社名・名前・訪問先担当者名・用件などをあわてずにはっきりと伝える❷。訪問相手を記帳する場合は，担当者名に必ず「様」を付け加える。自分の印象が，会社の印象と見られることもあるので，失礼のないよう気を配る。

3 応接室

応接室に案内されたら，静かに待つ。室内を歩き回ったりせず，席をすすめられるまでは，立ったまま先方を待つ。かばんは足元に置き，準備した資料は取り出しやすくしておく。手土産があれば，挨拶のあと，本題に入る前に手渡す❸。

◆訪問するまでのマナー

●訪問前にアポイントの確認をする

○日○時に，△△の件でお伺いいたします。

●持参する資料の準備をする

印刷した資料　　パソコン

❶　濡れた傘は，玄関やロビーに傘立てがある場合はそれを利用し，濡れたまま室内に持ち込まないようにする。

❷　受付で名刺を要望される場合もある。その時は，丁寧に名刺を差し出す。

❸　手土産を持参した場合は，担当者に挨拶をするときに手さげ袋から出して渡す。このとき，「心ばかりのものですが」や「ほんの気持ちです」などの言葉を添えるとよい。

◆建物前や入口まで

コートなどを脱いでから建物に入る。

◆受付に着いたら

おはようございます。実教商事の佐藤と申します。購買部の鈴木様と13時よりご面会の約束をいただいております。

挨拶をし，自社名・名前・訪問先担当者名・用件などをはっきりと伝える。

◆応接室でのマナー

・勧められた席に座って待つ。
・かばんは足元に置く。

3　受付での応対・案内のマナー

　訪問の予約をしている場合，来客者は受付で社名や名前を名乗れば，すぐに応対してくれるはずだと安心してやってくる。したがって，訪問される側には，受付でもたつかないように十分な心遣いが必要である。

1　出迎え・取り次ぎ……………………………………………

▶1　受付に来客予定が知らされている場合

　来客が名乗ったら，笑顔で「○○様でいらっしゃいますね。お待ちしておりました」などと丁寧に出迎えてお辞儀をし，「応接室にご案内いたします。どうぞこちらへ」などと，すぐに案内する。その後，担当者へ「受付です。ただ今，△△商事の○○様がお越しになりましたので，応接室にお通ししました」などと内線電話で連絡する。

▶2　受付に来客予定が知らされていない場合

　担当者から来客予定が知らされていない予約客に応対するときは，「さようでございますか。少々お待ちください」などと挨拶をし，内線電話で「受付です。お約束の△△商事の○○様がお越しになりました」などと伝え，担当者からの指示を待つ。

▶3　事前に訪問予約のない場合

　「恐れ入りますが，どのようなご用件でしょうか」「失礼ですが，お約束はいただいておりますでしょうか」などと挨拶をし，来客の所属や名前，要件を確認して，内線電話で担当者にその内容を伝える。受付では勝手な判断をせず，担当者が応対する意向があれば応接室に案内し，遠慮する場合は丁重にお断りする。

2　案内

▶1　廊下ではななめ前方を歩く

　来客を通路の中央寄りにし，自分は約1mななめ前方を歩く。自分の背中全部が来客の視線に入らないように，体を半身前に出した形（半身の構え）で誘導する。横に並んで歩くと，他の人の通行の妨げになるので注意する。また，時々少し振り向き，「こちらでございます」などとこれから向かう方向を手のひらで示す。

▶2　階段の昇降

　来客に内側または手すり側を勧める。案内するときは，来客を見下ろすことのないよう，昇るときは来客を先に進ませ，降りるときは自分が2，3段前を進む。

▶3　エレベーターは先に乗り，後に降りる

　エレベーターでは，「失礼いたします」と断って自分が先に乗り込み，開ボタンを押し続けながら，「どうぞ」と来客を誘導する。降りるときには，開ボタンを押し続けながら，「こちらでございます」と言って来客に先に降りてもらい，自分はその後で外に出る。

◆受付のマナー

出迎え

親しみをもって，一礼して挨拶する。

取り次ぎ

名前の読み方・用件をしっかり確認する。

案内

来客より約1mななめ前方に立って歩く。

◆エレベーターでの案内

3 応接室………………………………………………………………………………

▶1 応接室内への誘導

応接室に着いたら，たとえ「空室」の表示があっても，ドアをノックし，「失礼いたします」と言ってからドアを開ける。ドアが外開きの場合は，「こちらでございます」と言って来客を先に入れ，内開きの場合は，自分が先に入ってドアを押さえながら，来客を招き入れる。

▶2 入室後

来客が入室したら，ドアに向かって両手で閉める。この場合，来客の方に気を取られて，来客に向かって後ろ手で閉めてはいけない。帽子やマフラー，コートなどがあれば，ここで預かりハンガーなどに掛ける。また，ドアの開け閉めは必ず自分が先に立って行い，来客にドアを開け閉めさせてはいけない。その後，来客を応接室に案内したことを担当者に伝える。

4 見送り………………………………………………………………………………

▶1 受付で見送る場合

来客が帰るときは，腰をかけたまま「失礼いたします」「ありがとうございました」などと会釈をする。ただし，重要な来客については，立って挨拶をする。また，来客よりも先に会釈をするようにする。

▶2 エレベーターの前まで見送る場合

エレベーターの前では，昇降ボタンを押して，エレベーターが止まったら「どうぞ」と中へすすめて，ドアが閉まるまで「ありがとうございました」「失礼いたします」といって，丁寧にお辞儀をする。

▶3 玄関で見送る場合

受付のある1階の玄関では，ドアの内側で挨拶をして別れる。自動ドアでなければ，応対者か受付の担当者が開けて来客が出た後で閉める。また，会社にとって非常に重要な来客を見送るときは，玄関の外に出て来客の乗った車のドアが閉じて動き出すときにお辞儀をし，車が見えなくなるまで頭を下げて見送る。

4 お茶の接待のマナー

来客にお茶を出す仕事は，決して華やかで注目を浴びるようなことではないが，なくてはならない仕事である。気配りの行き届いたお茶出しこそが，来客に対する最高のおもてなしでもある。

1 お茶の入れ方………………………………………………………………………

①まず，服装を整え，手を清潔にする。
②茶碗と茶托の底をよく拭く。茶碗については，欠けていたり，ヒビが入っていたり，茶渋がついていないかを点検する。❶
③あらかじめ，急須や茶碗を温めておき，お茶の味・濃さ・温度に注意し，お茶を飲むときの温度が60度を下回らないように5分程度で用意する。❷
④茶碗の七分目程度にお茶を注ぐ。なお，数人分のお茶を入れるときは，お茶の濃さが均等になるように，それぞれの茶碗に少しずつ順番に注いで入れる。これを戻りつぎという。このとき，ほこりが入らないように茶碗の上を腕が通らないようにする。

◆外開きのドア

どうぞお入りください。

◆内開きのドア

どうぞお入りください。

❶ 来客用の茶碗と同じものを社内の者に使用してもさしつかえない。

❷ おいしくお茶を入れるためのお湯の温度の目安は，以下の通りである。
・ほうじ茶 100℃
・せん茶　 80℃
・玉露　　 60℃

◆戻りつぎ

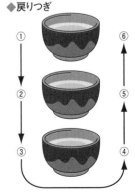

② お茶の運び方

①お茶を運ぶお盆と清潔な布きんを用意する。

②お盆を両手で息がかからないように，胸の高さで持つ。茶碗と茶托を別々にのせておく。このとき，手前に茶碗が来るようにお盆にのせる。布きんは，お盆の下にはさんで持つ。

③応接室の前では，片手でお盆をしっかり持ち，ドアが開いていても必ずノックする。

④軽く会釈をして入り，ドアに向かい静かにドアを閉める。正面に向かってお辞儀をして，「失礼いたします」と挨拶をする。

③ お茶の出し方[1]

①サイドテーブルがあればその上にお盆を置き，一組ずつ茶碗を茶托にのせて出す。サイドテーブルなどがない場合には，下座のテーブルの端にお盆を置くか，片手でお盆を持ちながら出す。

②腰を落として，上座の来客から順に「どうぞ」と言ってすすめ，最後に社内の者に出す。

③来客の右側から右手で茶托を持ち，左手を添えて茶碗の柄が正面になるように出す。無理な場合には，正面または左側から出してもよい。

④お茶の位置は来客の中央より右寄りで，テーブルの端と茶托の間隔は，同席者全員が同じになるように置く。

⑤和菓子やケーキなどを添える場合には，先にお菓子を左側に，次にお茶を右側に出す。

⑥コーヒーや紅茶を出すときには，カップの手は来客の右側に向けて置く。

⑦冷たい飲み物にストローを添えるときは，袋をあけずに出す。コップにストローを挿したりしない。

④ 退室の仕方

①お盆と布きんを目立たないように持つ。

②2，3歩後退して軽く一礼をする。

③出口で会釈をして退出する。

◆お茶の入れ方・運び方

茶碗と茶托の底を布きんでよく拭く。

お茶は茶碗の七分目程度まで注ぐ。

お盆は両手で，息のかからないように，胸の高さに持つ。

後ろ向きで静かにドアを閉める。

[1] 来客との挨拶中や名刺交換をしているときなどは，お茶出しを控える。会話中のときは，目礼して出す。

◆お茶の出し方・退室の仕方

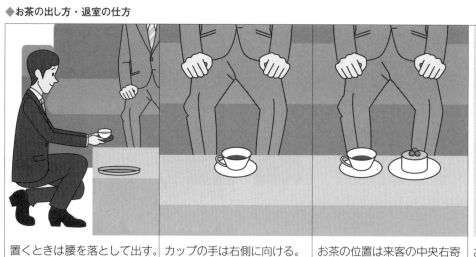

置くときは腰を落として出す。 / カップの手は右側に向ける。 / お茶の位置は来客の中央右寄り。和菓子やケーキは左側に。

お盆と布きんは目立たないように持つ。

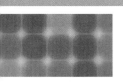
（1）　アポイント（訪問予約）から訪問までについて，次のなかから適切でないものを一つ選びなさい。

　　ア．訪問の際は，ほこりなどで建物内を汚さないように，コートは建物に入る前に脱ぎ，表面を内側にして手に持って入る。

　　イ．訪問日時を決めるときは，こちらからいくつかの案を提示して，相手の都合を優先して決めるとよい。

　　ウ．意思決定権を持っているのは職位の高い人であるため，訪問予約をするときはできる限り直接社長や役員などに電話をかける。

　　エ．約束の時間に遅れてしまいそうなときは，遅れる理由と到着見込みの時間を簡潔に，迅速に連絡する。　　　　　　　　　　　　　　　　　　　　　　　　　　　　　〈第12回試験出題〉

（2）　取引先への訪問時のマナーについて，次のなかから適切でないものを一つ選びなさい。

　　ア．時間に余裕を持って移動し，約束時間の10分前には到着できるようにする。

　　イ．取引先に着いたら，受付で訪問の用件を伝えた後，持参した手土産をすぐに手渡す。

　　ウ．案内された応接室では，席をすすめられるまでは下座に立って，担当者が来るのを待つ。

　　エ．取引先に着いたら，身だしなみを整え，コートやマフラーを脱いでから建物に入る。　　　　　　　　　　　　　　　　　　　　　　　　　　　　　　　　　　　　　〈第9回試験出題〉

（3）　手土産について，次のなかから適切でないものを一つ選びなさい。

　　ア．手土産を渡すときは，「心ばかりのものですが」「ほんの気持ちです」などの言葉を添えるとよい。

　　イ．手土産を渡すときは，すべての用件が済んでから帰り際に紙袋のまま渡すとよい。

　　ウ．菓子折りを持参するときは，訪問先近くの店よりも，なるべく自社の地域の店で名産品を選ぶ。

　　エ．菓子折りを持参するときは，切り分けるなど手間がかかるものはなるべく避けたほうがよい。　　　　　　　　　　　　　　　　　　　　　　　　　　　　　　　　〈第4回試験出題・改題〉

（4）　来客者の案内について，次のなかから適切でないものを一つ選びなさい。

　　ア．部屋に案内をする際は，先に「○○階の○○にご案内します」とフロアと行先を伝える。

　　イ．応接室に入ったら，「こちらにお掛けになってお待ちください」と上座の席をすすめて座ってもらう。

　　ウ．階段を昇るときは客が先で自分は2，3段後ろを昇り，降りるときは自分が客の2，3段前を降りる。

　　エ．案内中は受付が不在となってしまうため，次の来客に備え，応接室に移動する際は客に合わせるのではなく自分のペースで早く歩き，短時間で案内を済ませる。　　〈第11回試験出題〉

（5）　お茶の接待のマナーとして次のなかから最も適切なものを一つ選びなさい。

　　ア．急須からお茶を注ぐ際は，茶たくの上に茶碗をのせ，一人分ずつ注ぐようにする。

　　イ．お茶はせん茶，ほうじ茶，玉露など多くの種類があるが，おいしく入れる温度は同じであり，どのお茶も100度を下回らないようにする。

　　ウ．茶碗の形状や模様が異なると，客に優劣を感じさせてしまう可能性があるため，社員が日頃から使っている茶碗があっても，社員と客の茶碗は同じものにする。

　　エ．お茶を運ぶ際は，歩く振動でお茶がこぼれないように，お盆を腰の高さで固定して，両手で持つようにする。　　　　　　　　　　　　　　　　　　　　　　　　　　　　　〈第11回試験出題〉

6 電話の応対

1 電話の応対の方法

　人と直接に相対して話をする場合は，表情や身振りなどで言葉を補うことができる。しかし，電話の場合は声だけであり，言葉遣いや発音・発声には特に気をつける。社員一人ひとりの電話の応対の善し悪しが，会社全体のイメージを左右する場合があるので十分に注意する。

1 電話の受け方……………………………………………

▶1　すぐに出る

　できるだけ早く，2回着信音が鳴るまでには出るようにする。また，3回以上着信音が鳴ってから電話に出る場合は，「お待たせしました」と最初に言う。

▶2　メモを用意し，名乗る

　呼び出し音が鳴ったら，すぐに利き手と反対の手で受話器を取り，同時に利き手でメモの準備をし，「はい，○○会社△△課□□です」などと，こちらの社名と部署名，名前を名乗る。この際，「もしもし」は必要ない。

◆「もしもし」は×

もしもし…

▶3　相手を確認し，挨拶をする

　相手が「○○会社の△△ですが，・・・」と名乗ったら，たとえ知らない相手でも「お世話になります」と挨拶をするのがマナーである。相手が名乗らなかったり，こちらからの受け答えと重なって聞き取れなかった場合などには，「恐れ入りますが，もう一度おっしゃっていただけますでしょうか」などと必ず確認する。また，相手の声が聞き取りにくいときは，「申し訳ございません。お電話が遠いようです」などと伝え，もう一度名乗ってもらう。相手の名前は，漢字でどのように書くかを確認するとよい。

❶　5W3H
・When（いつ・時期）
・Where（どこで・場所）
・Who（誰が・人）
・What（何を・目的）
・Why（なぜ・理由）
・How（どのように・方法）
・How Many
　（どれくらい・数）
・How Much
　（いくらで・費用）

▶4　用件を聞く

　メモを取りながら，5W3H❶の要領で用件を聞く。聞き取れなかったときには，「もう一度お願いします」と丁寧に聞き返す。他の担当者に関する用件であれば，すみやかにその担当者へ電話をつなぎ，相手と用件を簡単に伝える。また，担当者が不在の場合は，その旨を伝え，代わりに用件や伝言を聞いたり，代理の者にかわったりするなど適切な応対を行う。

◆メモを見て復唱する

ご用件を
復唱いたします。

▶5　用件を復唱し，電話を切る

　話が大体終わったら，「ご用件を復唱いたします」とメモを復唱して相手の確認を取る。最後に「ありがとうございました」などと終わりの挨拶をしてもう一度名前を名乗り，かけてきた相手が電話を切ってから静かに電話を切る。

❷ 電話のかけ方……………………………………………………………

▶1　準備をする

　用件を５W３Hの要領で整理し，話す順序を箇条書きにメモしておく。必要な関係資料は，手元に用意しておく。また，うろ覚えや勘違いで間違い電話をしないように，相手の電話番号，会社名・所属・名前を確認しておく。さらに，電話機のそばには，飲み物などを置かない。

▶2　挨拶をし，名乗ってから要件を伝える

　相手が出たら「いつもお世話になっております」などと挨拶をする。また，やむをえず早朝や昼食時間帯，夜遅くに電話をかけるときは，「朝早くから申し訳ございません」「休憩中に申し訳ございません」「夜分遅く恐縮ですが」などと，お詫びの挨拶を忘れないようにする。そのあと「○○商事の○○と申します」などと名乗って，「○○部の○○様をお願いできますでしょうか」などと用件を伝える。

▶3　用件は簡潔に要領よく話す

　準備しておいたメモなどを確認しながら要領よく話し，普通の用件なら３分以内で伝えられるように心がける。最後に，結論や約束事を必ず確認して終わるようにする。

◆電話のフック

▶4　電話はかけた側がきる

　用件がある側が電話をかけるので，原則としてかけた側が切って通話を終わらせる。ただし，自分がかけた場合でも電話の相手が目上の人の場合は，相手が切ってから受話器を静かに置くようにする。受話器は，フックを押して通話を切ってから置くとよい。

◆電話のかけ方

資料とメモの用意	TPOを考える	かけた方が切る
必要な資料とメモ用紙を用意する。	早朝などは，お詫びの挨拶を忘れないようにする。	かけた方が電話を切る。受話器は，フックを押して通話を切ってから静かに置く。

2　状況に応じた電話の応対

　電話の応対では，担当者への取り次ぎや，担当者が不在の場合，苦情電話，間違い電話など，状況に応じて臨機応変な応対が必要となる。

1　電話の取り次ぎ方

　先方の会社名とその人の名前を聞き，必ず復唱して間違いがないかを確認する。取り次ぐときに受話器の送話口を手で押さえただけでは，周囲の会話が聞かれてしまう場合があるので，必ず保留ボタンを押す。また，伝えるべきことがあれば，口頭だけで済ませるのではなく，先方が話した内容を書いた伝言メモも一緒に担当者に渡すとよい。

2　担当者不在の場合

▶1　担当者が電話中の場合

　「ただ今，○○は別の電話に出ております」などと伝え，先方がそのまま待つ場合には，「少々お待ちください」と伝え，担当者に対して先方が電話口で待っていることを伝える。また，先方が折り返しの電話を希望する場合には，「承知いたしました。念のため，お電話番号をお聞かせ願えませんでしょうか」といって電話番号，会社名，名前をメモし，復唱して確かめ，最後に電話を受けた自分の名前を述べる。

▶2　担当者が席を外している場合

　「あいにく，○○は席を外しております。5分ほどで戻るかと思いますが」または「あいにく○○はただ今接客中です❶」に続けて，「折り返しお電話を差し上げましょうか」などと伝え，先方がかけ直すと言った場合には，「承知いたしました。お電話をいただいたことを担当者に申し伝えます」と述べる。また，先方に伝言を頼まれた場合には，メモ用紙に用件を記入し，聞いた内容を必ず復唱したうえで，最後に自分の名前を名乗る。

▶3　担当者が会議中の場合

　「ただ今，○○は会議中でございます。1時間ほどで席に戻る予定ですが，お急ぎでしょうか」と伝える。先方が急いでいたら，会議室に電話を回すか，直接会議室に出向き，伝言メモを渡して指示を仰ぐ。急いでいなければ，伝言メモを担当者の机の上に置いておき，戻ってきたら口頭でも電話があったことを伝える。

◆取り次ぐときは保留ボタンを押す

❶　接客中に電話がかかってきたときは，原則としてお客を優先して対応する。

◆伝言メモの例

伝　言　メ　モ

田中制作部長　　　様

3月15日（水）　AM・PM　11時15分

社名　実教商事（株）

氏名　中村常務　　　様から

●電話
☑電話がありました
□また，電話を下さるそうです
　（　月　日　時　分ごろ）
☑電話をいただきたい
　（TEL 03-3312-0000内線0000）

●来社
□来社されました
□もう一度来社します
　（　月　日　時　分ごろ）
□あとで，電話を下さるそうです
　（　月　日　時　分ごろ）
□電話をいただきたい
　（TEL　　-　　-　　内線　　）

●伝言内容

広告の打ち合わせについて

受信者　吉田

③ 苦情電話の応対…………………………………………………………

苦情電話の場合，何よりもまず謝罪をし，相手の主張を最後まで聞き，その後に適切な応対を考える。

▶1 まずは謝る

どんな理由で電話をしてきた場合でも，まずは「申し訳ございません」と，こちらが謝罪をする。相手の怒りや興奮を鎮めるため，たとえ苦情の内容が全くの誤解であっても，まずは謝るのが先決である。

▶2 相づちを打ち，相手の話を最後まで聞く

話の合間に「はい」「さようでございますか」といった肯定的な相づちを打ち，どんな内容でも誠意をもって話を最後まで聞き，内容を復唱する。

▶3 対応する

その場で対応できることには，すぐに取りかかる。しかし，解決を急いで勝手な約束などをすると，後日大きなトラブルになることもある。内容によっては，先輩や上司に代わってもらうか，相手の名前と連絡先を聞いていったん電話を切り，上司などに相談のうえ，改めて電話をかける。

④ 間違い電話の応対…………………………………………………………

▶1 間違い電話がかかってきたら

どんなに忙しくても，「違いますよ」と乱暴に電話を切ることなく，「どちらにおかけですか」などと親切に対応することが間違い電話をなくすことにつながる。あくまでも冷静に，礼儀正しく対処する。

▶2 間違い電話をかけたときは

番号を押し間違えて他の会社などに電話がつながったときは，「失礼いたしました」とすぐに謝り，丁寧に電話を切る。

▶3 名指し人と異なる人が出た場合

取り次ぎ者が間違えて，名指し人と異なる人が電話に出た場合は，「申し訳ございませんが，先ほどの○○様をお願いしたいのですが」などと丁寧に伝え，改めて取り次ぎ者から名指し人につなげてもらう。

⑤ 伝言内容の確認…………………………………………………………

電話を受けたときは，日時や用件，相手の会社名・名前，連絡先・電話番号を確認の上，必ず復唱し，最後に電話を受けた自分の名前を相手に伝える。特に，「1時」と「7時」は聞き間違えやすいので，「7時（シチ時）」を「ナナ時」などと区別して言うとわかりやすい。❶

携帯電話のマナーと注意点

ビジネスにおいて必要な携帯電話のマナーと注意点は，以下のとおりである。何よりも，相手や周囲の人たちへの気配りが最も重要である。

◆苦情電話の応対
申し訳ございません。
どういう事なんだ！

内容によっては上司に相談する。

◆言い間違いに注意する
例：「1時」と「7時」
明日のナナ時でよろしいでしょうか。

❶ 「1時」と「7時」以外にも，「シリツ」は「市立」と「私立」で区別しにくいので，
・市立…イチリツ
・私立…ワタクシリツ
などと言うと間違いを防ぐことができる。

場　面	具　体　例
基本的なマナー	①電源を切る…病院や劇場，飛行機や運転中など，使用を禁じられている場所。 ②マナーモード…電車やバス，レストランなど，静かな場所での通話は控える。 ③通話の声量…普通の声の大きさで会話し，大声に注意する。 ④通話の内容…重要な要件や金銭などに関する内容は避ける。
電話をかけるとき	①番号を通知する…迷惑電話と勘違いされないように，必ず番号を通知する。 ②クッション言葉の活用…用件を切り出す前に「今，お話ししてよろしいでしょうか？」などと，相手に一言たずねる。電話を受ける人への気配りが大切である。 ③連絡先の選択…緊急時以外については，基本的に会社の電話に連絡をする。
電話がかかってきたとき	①訪問中・来客中・商談中…電源を切り，留守番電話機能を活用して伝言メッセージを受け取り，あとで対応する。 ②公共の場所（緊急）…周りに気を配り，手短に用件を済ませる。 ③公共の場所（それ以外）…「こちらからかけ直す」と伝え，場所を移動してかけ直す。

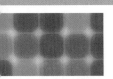

練習問題⑥

（1）　電話の受け方について，次のなかから最も適切なものを一つ選びなさい。

ア．取引先から同僚あての電話がかかってきたが，上司と立ち話をしていたので，「ただ今会議中でございます」と相手に伝えた。

イ．電話を切る前に相手から「失礼します」と言われたので，「はい，さようなら」と親しみを込めてあいさつをした。

ウ．外出中の社員あてに電話が掛かってきたので，外出中であることを伝え，「直接お電話をお願いします」と携帯電話の番号を教えた。

エ．相手が「○○会社の○○と申します」と名乗ってきたので，知らない会社であったが「いつもお世話になっております」とあいさつをした。

〈第11回試験出題〉

（2）　携帯電話の使い方として，次のなかから適切でないものを一つ選びなさい。

ア．電車の中で，マナーモードにしてある携帯電話に着信があったが，相手を確認するだけでその場では電話に出なかった。

イ．商談中，マナーモードにしてある携帯電話に着信があったので，商談相手には気づかれないように，後で連絡するというメールをすぐに送った。

ウ．外出中に取引先へ連絡する際は，周囲に人がいないことを確認したうえ，個人情報や会社の機密情報などが漏れないように重要な用件を話すのは避け，手短に済ませる。

エ．歩行中に使用すると視界が狭まり，通行人や車，自転車と接触する危険性が高まるので，電話をするときや訪問先を地図で確認するときなどは，端に止まって使用する。

〈第11回試験出題〉

（3）　取引先に電話をかけたときに相手が不在だった場合の対応について，次のなかから適切でないものを一つ選びなさい。

ア．後でかけ直したいときに，「何時ごろお戻りになる予定でしょうか」

イ．尋ねたいことがあるときに，「どなたか，この件がお分かりになる方はいらっしゃいませんか」

ウ．急な用件ではないときに，「お言付けをお願いしてもよろしいでしょうか」

エ．至急連絡をとりたいときに，「ご自宅の電話番号を教えていただけますか」

〈第9回試験出題〉

（4）　聞き間違いを防ぐための電話応対について，次のなかから適切でないものを一つ選びなさい。

ア．数字の7（シチ）は数字の1（イチ）と聞き間違いやすいので，「ナナ」と言う。

イ．佐々木（ササキ）と田崎（タサキ）など聞き間違いやすい名前の場合は，「漢字ではどのように書きますか」などと聞いて確認をする。

ウ．「8時」では午前か午後かわからないので，「午前8時」または「午後8時」，「20時」と言う。

エ．会話を録音しておけば，後で内容を確認できるので，電話の最中に復唱したりメモを取ったりする必要はない。

〈第11回試験出題〉

7 席次のマナー

1 応接室や会議室

　来客や目上の人を応接室などに案内するときは，座る場所の順番に注意する必要がある。この座る順番を**席次**という。また，その室内で来客や目上の人が座る席を**上座**，応対する側や目下の人が座る席を**下座**という。

1 席次のルールの基本

①一般的には，出入口から遠い奥の席が上座，出入口に近い手前の席が下座である。

②出入口が真ん中にある場合は，正面に向かって右側が上座，左側が下座である。

③椅子の格付けでは，背もたれ・肘掛けのある長椅子，背もたれ・肘掛けのある一人用椅子，背もたれ・肘掛けのない椅子の順となる。

④先方から席を指定されたときは，上座・下座にかかわらず，勧められた席に座る。

2 応接室や会議室での席次①

　ソファーのある応接室では，ソファーが来客の席（上座）で，接客する側はテーブルを挟んで一人用の肘掛け椅子に座る。また，オフィス内の応接コーナーの席次では，社員の席から遠い方が上座，近い方が下座となる。

　さらに会議室では，一般的に議長あるいは最も職位の高い人が中央の席に座り，その席に近い順に上座となる。

❶ 背もたれや座面にクッションが効き，ゆったりと座れる長椅子のこと。

◆応接室での席次　※数字は席次の順位
●対面型（左右）

●対面型（前後）

●応接コーナー

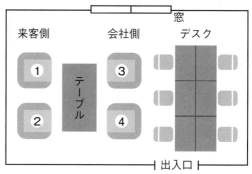

◆会議室での席次

●コの字型

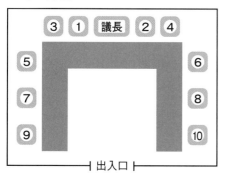

●円卓型

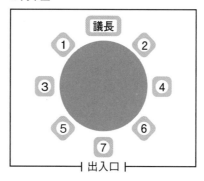

●対面型

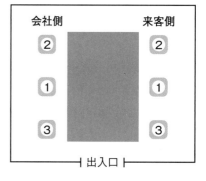

2 乗り物

　自動車，列車，飛行機などの乗り物にも席次のマナーがある。ただし，個人の好みもあるので，目上の人と同席する場合は，臨機応変に対応する。

■1 自動車での席次 ………………………………………

　タクシーでは，運転手の後ろが**上席**（上座）で，助手席が一番の**末席**（下座）となる。後部座席では，真ん中が末席となる。ただし，3人の場合には目下の者が助手席に乗ったほうが，道案内がしやすく，後部座席に乗る人もゆったりできる。また，上位者が運転する自家用車の場合には，助手席が上席となるが，乗せる相手が目上の人の場合には，タクシーと同じになる。❶

❶　運転する人と同格の人か，次に地位の高い人が横になるようにするためである。

◆自動車での席次
●タクシーの席次（4人の場合）　　●タクシーの席次（3人の場合）　　●自家用車の席次（上位者が運転する場合）

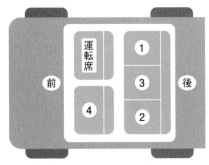
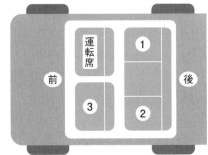
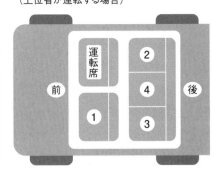

■2 列車・飛行機での席次 ………………………………

　列車と飛行機では，進行方向に向かい窓側の席が上席である。❷どちらも3列の場合には，窓側，通路側，真ん中の順になる。列車で上席の向かいに席がある場合は，その席が次席である。

❷　席を立ちやすいなどの理由で通路側を好む人もいるので，相手の意向によることもある。

◆列車・飛行機での席次
●2列の場合　　●3列の場合

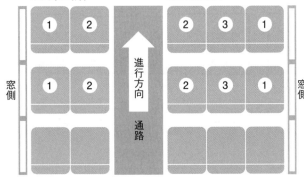

◆列車での席次
●4人で向かい合わせの場合　　●6人で向かい合わせの場合

■3 エレベーターでの席次（立ち位置）

　エレベーターに乗る場合でも，原則として席次（立ち位置）のマナーがある。操作盤の前が下座であり，上座は乗る側から向って左側の奥となる。エレベーターの操作係がいる場合は，乗り降りとも来客や上司を優先する。係がいない場合は，下位者が先に乗って操作をし，降りる時は圃ボタンを押し続け，来客や上司が降りるのを確認してから降りる。

◆エレベーターでの席次（立ち位置）
●片側に操作盤がある場合　　●両側に操作盤がある場合

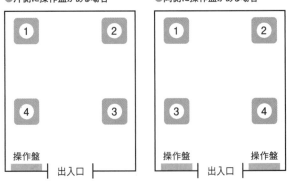

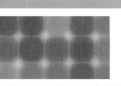

練習問題⑦

（1）　場面に応じた席次について，次のなかから<u>適切でないもの</u>を一つ選びなさい。

　ア．応接室では，客にはソファー（長椅子）をすすめ，自分は一人用の椅子に座った。

　イ．和室では，客は床の間の前に座り，自分は入口に近い席に座った。

　ウ．エレベーターでは，自分は一番奥に立ち，客にはドアの前に立ってもらった。

　エ．上司が運転する車では，先輩が助手席に座り，自分は後部座席に座った。

〈第9回試験出題〉

（2）　下記の和室での席次について，高い順に並べたものとして，次のなかから最も適切なものを一つ選びなさい。

　ア．B － A － C － D

　イ．C － A － D － B

　ウ．A － C － D － B

　エ．C － A － B － D

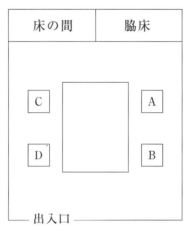

〈第6回試験出題〉

（3）　エレベータでの席次（立ち位置）について，高い順に並べたものとして，次のなかから最も適切なものを一つ選びなさい。

　ア．A － B － D － C

　イ．A － C － B － D

　ウ．C － D － A － B

　エ．C － A － D － B

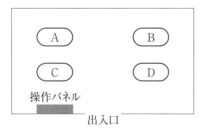

〈第4回試験出題〉

（4）　タクシーの席次について，高い順に並べたものとして，次のなかから最も適切なものを一つ選びなさい。

　ア．C→D→B→A

　イ．A→D→C→B

　ウ．C→A→D→B

　エ．A→C→B→D

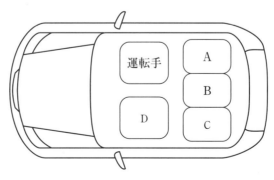

〈第7回試験出題〉

（5） 列車で４人向い合わせの席次について，高い順に並べたものとして，次のなかから最も適切なものを一つ選びなさい。

ア．A－B－C－D
イ．B－A－D－C
ウ．C－D－A－B
エ．A－C－B－D

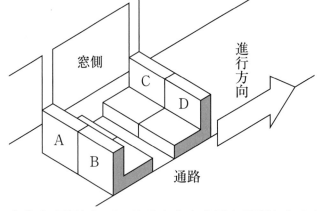

〈第３回試験出題〉

（6） 応接室の上座（上席）からの席順として，次のなかから最も適切なものを一つ選びなさい。

ア．A－D－C－B
イ．D－C－B－A
ウ．B－A－D－C
エ．D－B－A－C

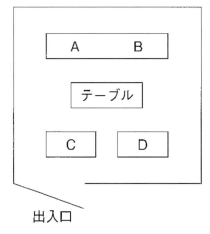

〈第１回試験出題〉

（7） 新幹線で６人向かい合わせの席次について，１番目と６番目に高いものの組み合わせとして，次のなかから最も適切なものを一つ選びなさい。

１番目－６番目
ア．D － C
イ．D － B
ウ．F － B
エ．F － C

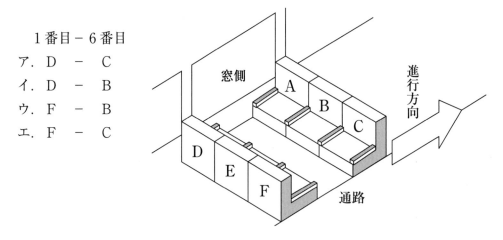

〈第12回試験出題〉

（8） 部長が運転する車に，課長，係長，主任，新入社員が同乗することとなった。課長と新入社員の座席の組み合わせとして，次のなかから最も適切なものを一つ選びなさい。

	課長	新入社員
ア	A	D
イ	A	C
ウ	B	C
エ	B	A

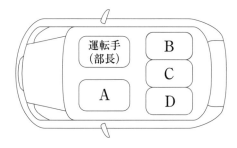

〈第11回試験出題〉

2 交際に関するビジネスマナー

１交際のマナー　２食事のマナー

1 交際のマナー

1 冠婚葬祭の基礎知識

　冠婚葬祭（かんこんそうさい）は，誰（だれ）もが経験する大事な儀式（ぎしき）である。冠婚葬祭に出席したり，贈（おく）り物（もの）をしたりする場合にふさわしいマナーを身につける必要がある。

１冠婚葬祭とは……………………………………………………………………

▶1 冠

　冠婚葬祭の「冠」とは，お宮参（みやまい）りや七五三（しちごさん），入学や卒業，就職，昇進・栄転（えいてん）❶，賀寿（がじゅ）❷など人生の節目（ふしめ）のお祝い事のことである。お祝いの気持ちを，礼を持って祝うのが基本（きほん）である。

▶2 婚

　冠婚葬祭の「婚」とは，婚礼（こんれい）（結婚式（けっこんしき）や披露宴（ひろうえん））のことである。結婚式や結婚披露宴などに招待（しょうたい）されたら，招待してくれた相手への礼儀（れいぎ）として，できるだけ出席することが望ましい。

▶3 葬

　冠婚葬祭の「葬」とは，お悔（く）やみ（通夜（つや），葬儀（そうぎ），告別式（こくべつしき））のことである。通夜や葬儀，告別式の知らせを受けたら，迅速（じんそく）な対応（たいおう）を心（こころ）掛（が）け，それぞれの日時や場所，形式などを確認（かくにん）する。弔（とむら）い方は，宗教（しゅうきょう）によって異（こと）なるので注意が必要である。

▶4 祭

　冠婚葬祭の「祭」とは，お正月やお盆（ぼん），節分（せつぶん），お彼岸（ひがん），七夕（たなばた）など，季節の節目の伝統（でんとう）行事のことである。ビジネス活動においても，取引先に対して，年賀状（ねんがじょう）や寒中見舞（かんちゅうみま）い，暑中見舞（しょちゅうみま）いを出したり，お中元（ちゅうげん）やお歳暮（せいぼ）を贈（おく）ったりする場合がある。

❶　昇進（しょうしん）は単純（たんじゅん）に職位（しょくい）が上がること。これに対して栄転（えいてん）は，職位が上がる際に転勤（きん）または部署（ぶしょ）の変更（へんこう）が伴（ともな）うものである。

❷　長生きのお祝いのこと。すべて数え年で61歳の還暦（さい）（かんれき）（満60歳），70歳の古希（こき），77歳の喜寿（きじゅ），80歳の傘寿（さんじゅ），88歳の米寿（べいじゅ），90歳の卒寿（そつじゅ），99歳の白寿（はくじゅ），100歳の百寿（ひゃくじゅ）などがある。
賀寿は本来，数え年でお祝いするが，還暦以外は近年，数え年を満年齢に置き替えてお祝いすることも多い。

◆冠婚葬祭

●冠

●婚

●葬

●祭

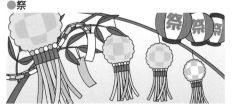

2　贈答のマナー

　贈答とは，よりよい人間関係を築くために，**お中元やお歳暮，お見舞い** などの贈り物をすることである。企業においても個人と同様である。贈り物をする場合は，目的や相手との関係，相手の立場，予算，受取人が何をもらって喜ぶかなどに注意する。

1　お中元

　お中元とは，夏季にお世話になっている人に贈り物をする習慣である。7月初旬から7月15日（**中元**）までに贈る。これ以降の場合は，**表書きを**「暑中見舞い」，**立秋** 以降は「残暑見舞い」とする。なお，地域によっては**月遅れのお盆や旧盆**（旧暦）などがあるので注意する。

2　お歳暮

　お歳暮とは，冬季にお中元と同様に贈り物をする習慣である。12月初旬から25日ごろまでに贈る。お正月になる場合は，表書きを「御年賀」「御年始」とする。なお，お中元・お歳暮を贈られたときは，感謝の気持ちを表すお礼状をできるだけ早く出すようにする。

3　結婚・出産

　結婚や出産の知らせを受けたら，できるだけ早くお祝いの品を届ける。**結婚祝い**の品を持参する場合は，**吉日の午前中**とする。

4　表書きと水引・のし

　表書きが，「御中元」「御歳暮」「御祝い」の場合は，紅白蝶結びの**水引**で，のしがついたものを贈る。

5　品物の選び方

　品物の選び方は，お中元なら，飲み物や水ようかんなどの涼しげなもの，日持ちのするそうめんや冷麦などにする。お歳暮では，年末年始に使えるハムやソーセージなどの食料品，酒類などにする。会社あてに送る場合は，小分けになった菓子類など，取り分けやすいものがよい。また，**結婚祝い**は，できるだけ当人の希望を聞いて品物を選ぶ。**出産祝いや誕生祝い**は，子どもの成長を考慮した衣類などがよい。

❶　病気・入院のお見舞いとして花を贈るときは，切り花を選ぶ。鉢植えは「寝つく」を連想させるので避ける。

❷　中元は，1年を3つに分けた三元の一つである。
・上元　1月15日
・中元　7月15日
・下元　10月15日

❸　立秋は，毎年8月7〜8日ごろで，年により変動する。

❹　吉日とは「縁起の良い日」という意味で，暦に記される六曜の「大安」がもっとも有名である。

❺　水引は，贈り物や，慶事や弔事などの包み紙や封筒にかける紅白や黒白などの飾り（帯紐）のこと。
・お見舞いの場合
（病気）紅白か水引なしの赤帯封筒
（病気以外）水引なしの白無地封筒

❻　のしは慶事の進物にそえられるもので，もともとは，のした鮑のこと。弔事やお見舞い事にはつけないのがマナーである。

❼　出産祝いは，赤ちゃんが生まれてから1か月以内に贈るもの。誕生祝いは，赤ちゃんが生まれてから1か月を超え，1歳の誕生日を迎えるまでに贈るものである。

◆表書きと水引・のし

御歳暮または御中元，御祝い

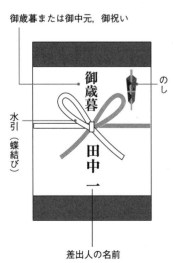

御歳暮
田中一

のし
水引（蝶結び）
差出人の名前

◆水引の色と結び方

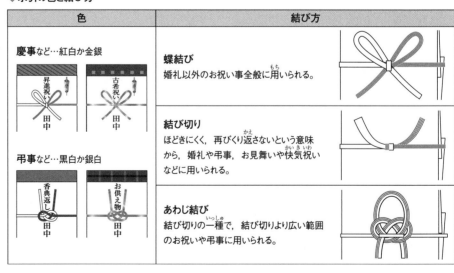

色	結び方
慶事など…紅白か金銀 昇格祝い　古希祝い 田中　田中	**蝶結び** 婚礼以外のお祝い事全般に用いられる。
	結び切り ほどきにくく，再びくり返さないという意味から，婚礼や弔事，お見舞いや快気祝いなどに用いられる。
弔事など…黒白か銀白 香典返し　お供え物 田中　田中	**あわじ結び** 結び切りの一種で，結び切りより広い範囲のお祝いや弔事に用いられる。

3　慶事のマナー

慶事には，昇進，栄転，就任，受賞，賀寿，祝賀行事，結婚などさまざまなものがある。ビジネス活動での慶事への出席は，仕事の一環であるので，正しいマナーを身につけて臨む。

1　招待状の返信

招待状が届いたら，同封されている返信用はがきに出欠を記入し，出席・欠席，どちらの場合でも一言言葉を添えて返事を出す。届いてから一週間以内には返送する。また，欠席のときは，改めて祝電を打つとよい。このとき，使用を避けるべき忌み言葉❶には十分な注意が必要である。

❶　忌み言葉とは，縁起が悪く，使用すべきではない言葉のこと。慶事の祝辞（スピーチ）や祝電などでは，次のようなものがある。
【一般的な慶事】
「落ちる」「焼ける」「流れる」「傾く」「割れる」などの破壊を連想させるもの。
【結婚式】
「切る」「去る」「別れる」「離れる」「帰る」「戻る」などの別離を連想させるもの。

◆招待状の返信の書き方

返信はがきのあて名	出席の場合	欠席の場合
〇〇〇-〇〇〇〇 〇〇〇〇 様 行❶	❹御芳名　鈴木　花子 御住所　東京都中野区中野三-二一。 ご結婚おめでとうございます　お招き頂きありがとうございます❸　喜んで出席させて頂きます 御出席 御欠席❷	❹御芳名　鈴木　花子 御住所　東京都中野区中野三-二一。 ご結婚おめでとうございます　残念ですがどうしても仕事の都合がつかずお伺いすることができません❸　お二人の末永いご多幸をお祈りいたします 御出席❷ 御欠席

❶「行」は2本の斜線または「寿」の文字で消し，左に「様」を書く。

❷「御」を2本斜線または「寿」の文字で消し，「出席」に丸をする。欠席の場合も同様。
❸お祝いの言葉を添える。
❹自分の住所と氏名を記入。「御住所」の「御」と「御芳名」の「御芳」までを2本の斜線または平行線で消す。縦書きの場合，丁目・番地等は漢数字を使う。

2　服装のマナー

冠婚葬祭や正式なパーティー，公式行事など，その場にふさわしい服装の基準（指定）をドレスコードという。ドレスコードには，正礼装（正礼服），準礼装（準礼服），略礼装（平服）があり，さらに時間帯と場所に応じた区別がある。

男性の正礼装は，モーニングや燕尾服，女性はアフタヌーンドレスやイブニングドレス，着物の場合は振袖（未婚者）か留袖（既婚者）である。一般的な披露宴であれば，男女ともに準礼装が基本となる。男性はディレクターズスーツやタキシード，女性は特に決まりはなく，ロングドレスやカクテルドレス，訪問着❷などである。なお，招待状に「平服でお越しください」と記してあったら，「礼装でなくてもよい」という意味で，普段着でよいという意味ではない。また，結婚式では白色の服装は避ける。

❷　縫い目をまたいで，絵柄が全体に一続きに入っている着物のことで，既婚者・未婚者を問わず着用することができる。

◆普段着は平服ではない

◆ドレスコード

男性
- モーニング（正礼装）［昼］
- 燕尾服（正礼装）［ホワイトタイ］［夜］
- ディレクターズスーツ（準礼装）［昼］
- タキシード（準礼装）［ブラックタイ］［夜］
- ブラックスーツ（略礼装）

女性
- 留袖（正礼装：既婚者）
- 振袖（正礼装：未婚者）
- ロングドレス（準礼装）
- カクテルドレス（準礼装）
- スーツ（略礼装）

③ 祝儀袋と袱紗

祝儀の金額により，祝儀袋の水引やデザインが異なる。その金額にふさわしい祝儀袋を選ぶのがマナーである。中袋（中包み）❶に入れる祝儀（お金）は新札を用意する。また，祝儀袋は袱紗❷に包んで持参し，受付の前で袱紗から出し，表書きを相手に向けて差し出す。

❶ 祝儀は，お祝いに持参する金品のことである。

❷ 袱紗は，贈り物の金品などを包む布のことである。

◆祝儀袋の書き方

●結婚祝い

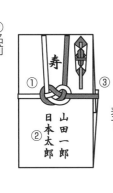

②名前
連名のときは上位者が右。多数のときには有志一同として，中袋に全員の名前を連名で記入する。

①水引
紅白または金。下側が上に来るよう（尻上がりを表す）にして，銀で結び切り。

③裏
尻上がりを表す。

●一般の祝い

②名前
フルネームで書き，略さない。

①水引
紅白または金銀で蝶結び。

◆中袋（中包み）

祝儀（お金）は新札で人物が表で，上にくるように入れる。金額は旧漢字で書く。

◆袱紗の包み方

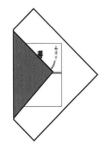
①袱紗をひろげて，中央に祝儀袋を置き，まず左側を折る。

②次に上を折り，下を折る。

③右端を内側に折る。

④最後にあまった部分を裏側に折る。出すときは，逆の手順になる。

4　弔事のマナー

弔事とは，お悔やみごと全般のことである。慶事と異なり，いつ行われるか予測はできないので，日頃からマナーを覚えておくとよい。また，宗教（仏教，神道，キリスト教など）により異なる形式に対応する必要がある。

1　服装のマナー

通夜・葬儀・告別式には，男女とも略礼装で参列するとよい。しかし，通夜は訃報を聞いて急にかけつけることも多いので，男女とも地味な平服でも問題ない。弔事での身だしなみの基本は，自分自身を飾らないことである。男性はネクタイを黒，または暗い色にする。女性は一連の真珠のネックレスと結婚指輪以外のアクセサリーははずし，化粧やヘアスタイルも控えめにする。また，香水はつけない。

2　通夜

通夜❶は，葬儀の前夜に遺族や親戚，友人，職場の仲間や近隣の人々が集まって故人をしのび，その冥福を祈る儀式である。通夜の始まる10分前までには会場に到着する。受付で「このたびはご愁傷さまです」「心からお悔やみ申しあげます」❷などとお悔やみの言葉を述べ，記帳する。なお，不祝儀は本来，葬儀・告別式に持参するが，通夜のときでもよい。❸

3　葬儀・告別式

葬儀は，故人と親しかった人々が冥福を祈る儀式であり，告別式は，知人とともに故人と最後のお別れをする儀式である。現在では，葬儀と告別式を同時に行うのが一般的である。葬儀・告別式とも，10分前には受付を済ませて着席し，僧侶の入場を待つ。供物や生花をそなえるときは，葬儀の前日までに葬儀社に連絡して手配してもらう。葬儀に出席できないときは，お悔やみの気持ちを伝える弔電を打ち，不祝儀を不祝儀袋に入れ，現金書留で遺族に送る。葬儀後の告別式は，遺族が参列者からの弔慰を受ける儀式であり，出棺まで参列するのが礼儀である。お悔やみの言葉，弔辞，弔電でも，忌み言葉❹には十分な注意を払う。

◆弔事の服装（略礼装）

●略礼装（男性）

ブラックスーツに白いワイシャツ，黒または暗い色のネクタイを着用する。

黒い靴，黒い靴下にする。

●略礼装（女性）

黒やグレーなど，暗い色のスーツやワンピースを着用する。

一連の真珠のネックレスと結婚指輪以外のアクセサリーははずす。

エナメルや爬虫類革のバッグは避ける。

ストッキングはベージュやグレーでもよいが，黒が無難である。模様やラメなどでの装飾を避ける。

靴はヒールの低いものを選ぶ。

❶　通夜は，神式では「通夜祭」，キリスト教式では「通夜式」または「前夜式」などと呼ばれる。

❷　仏式のときのお悔やみの言葉である。神式では「御霊の平安をお祈りします」などという。なお，キリスト教式ではお悔やみの言葉を述べないことが大切で，「安らかな眠りをお祈りします」などという。

❸　通夜のもてなし（通夜振る舞い）を遺族にすすめられたときは，故人との最後の食事なので，遠慮せずにいただくのがマナーである。

❹　弔事での忌み言葉には，「重ね重ね」「返す返す」「たびたび」「いよいよ」「ますます」「再び」などのくり返しを連想させる重ね言葉がある。

5 形式別の作法

1 焼香（仏式の場合）

焼香では，自分の番が来たら，数珠を左手に持ち，次の人に会釈をして前に進み，遺族と僧侶に一礼する。次に祭壇の遺影に向かって一礼し，数珠をかけて合掌する。焼香の回数は1〜3回で，親指・人差し指・中指の3本で香をつまみ，頭を下げながらつまんだ香を目の高さまで上げ，静かに香炉に落とす。最後に合掌して一礼し，遺族と僧侶にも一礼して終了となる。

◆焼香のマナー

①順番が回ってきたら席を立ち，遺族と僧侶に一礼する。

②遺影に向かって一礼し，合掌する。右手の親指と人差し指，中指で香をつまむ。

③頭を軽く下げながら，つまんだ香を目の高さに上げる。

④香は香炉に落とす。この動作を1〜3回くり返す。

⑤故人の遺影に向かって合掌し，一礼する。遺族と僧侶に一礼して自分の席に戻る。

2 玉串奉奠（神式の場合）

玉串奉奠では，柄杓の水で手を洗い，口をすすいでから式場に入る（手水の儀）。自分の順番が来たら，遺族と神官に一礼し，両手で玉串を受け取る。案❷の前に進み，枝もとが自分の正面に向くように回し，さらに枝もとを神前に向け両手でそなえる。遺影に二礼し，しのび手❸で二拍手し，最後に深く一礼する。神官と遺族に一礼して席に戻る。

◆玉串奉奠のしかた

①葉表を上に右手で枝もとを上から持ち，左手を下から添えて受け取る。

②案の前に進み，枝もとが自分の正面に向くように回す。

③さらに枝もとを神前に向け，両手でそなえる。

④二礼の後，しのび手で二拍手し，最後に深く一礼する。

❶ 玉串とは，榊の小枝に紙垂（四手）と呼ばれる紙片をつけたものである。

❷ 案とは，玉串を置く小机や台のことである。

❸ しのび手とは，音を立てずに拍手することである。

◆手水の儀

①柄杓を取り，左手→右手の順に水をかけて洗う。

②柄杓の水を左手で受けて口をすすぐ。

③柄杓に残った水で左手を洗う。

④柄杓は元の位に伏せて置く。

柄杓

3 献花（キリスト教式の場合） ……………………………………………………

　献花は，仏式の焼香や神式の玉串奉奠にあたるもので，日本だけの風習である。花が右にくるように両手で受け取り，祭壇に一礼する。茎が祭壇側に向くよう時計回りに回し，**献花台**に置く。黙祷し，信者であれば十字を切り，そうでなければ丁寧な礼をする。神父または牧師と遺族に一礼して席に戻る。

❶ 参列者が信者だけとは限らないため，故人との別れを表す方法として献花が行われる。

◆献花の仕方

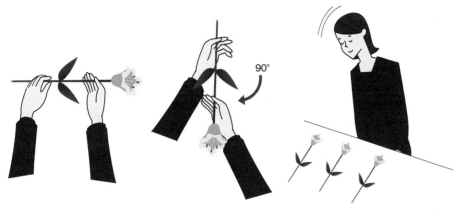

①花が右にくるように両手で受け取る。

②茎が祭壇側（花が手前）に向くように回し，献花台に置く。

③頭を軽く下げて黙祷する。神父（牧師）と遺族に一礼して席に戻る。

---

6 不祝儀袋

　不祝儀を入れる**不祝儀袋**の表書きは，葬儀を仏教・神道・キリスト教のいずれで行うかにより異なる。水引の色は，黒白または銀白で，結び方は結び切りにし，のしはつけない。名前は悲しみを表すために薄墨で書く。中袋（中包み）に入れる不祝儀（お金）は，新札を避けて古いものを入れる。不祝儀袋は，受付の前で袱紗から出し，表書きを相手に向けてさし出す。また，仏式の表書きでは，初七日までは「**御霊前**」，初七日をすぎて四十九日までは「**御香典**」，四十九日をすぎたら「**御仏前**」などの使い分けをする。

❷ 不祝儀は，お悔やみに持参する金品のことで，香典ともいう。死者の霊にそなえる香の代わりに，金銭を持参したという意味がある。

❸ 不祝儀袋を薄墨で書くのは，悲しみの涙で墨が薄くなったという由来がある。

❹ 手元に新札しかないときは，少し折って折り目をつけてから入れる。

❺ 弔事では袱紗での包み方（p.36）が慶事とまったく逆になる（右→下→上→左の順に包む）。

◆各宗教・宗派の不祝儀袋

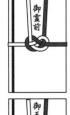
仏式

神式

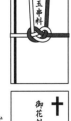
キリスト教式
（水引はない）

◆不祝儀袋の書き方

❶**表書き**
　宗教・宗派によって異なる。
　「御霊前」はどの宗教・宗派でも共通に使える。
❷**水引**
　仏式，神式は，黒白または銀白の結び切りの水引を用いる。
　キリスト教式は不要である。
❸**名前**　水引の下に薄墨のペンで　名前を書く。
❹**地の色**　どの宗教・宗派も白である。
❺**裏**　弔事では，不祝儀袋の裏は悲しみを流すという意味で上側を下にかぶせる。

●表　　　●裏

◆中袋（中包み）

❶表には何も書かず，裏には住所，名前，金額を旧漢字で書く。
❷不祝儀（お金）は，人物が裏で下にくるように入れる。

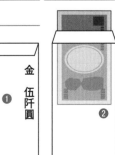

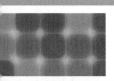

（1）　弔事のマナーについて，次のなかから<u>適切でないもの</u>を一つ選びなさい。

　ア．告別式に参列する際，故人の宗教・宗派がわからない場合は，表書きが「御仏前」と書かれた不祝儀袋を用いる。

　イ．通夜は遺族・近親者や故人と親しかった人たちが故人との別れを惜しむ儀式であるが，今日では葬儀場で行われることが多いため，一般弔問客も参列するようになっている。

　ウ．葬儀用の不祝儀袋の表書きは，涙で墨が薄くなるという気持ちを表して，薄い墨で書く。

　エ．仏教で故人を供養するための法要として「四十九日」「一周忌」などがあり，一般的には親族や近親者でおこなう。　　　　　　　　　　　〈第11回試験出題〉

（2）　慶事のマナーとして，次のなかから<u>適切でないもの</u>を一つ選びなさい。

　ア．弔辞には「忌み言葉」があるが，披露宴のスピーチにはそれがないので，言葉遣いは気にせずにあいさつしてよい。

　イ．結婚祝い金は，新札を表を上にして，金額にふさわしい祝儀袋に入れ，袱紗（ふくさ）に包んで持参する。

　ウ．招待に対する返信用はがきの記入について，表面の「行」は二重の斜線で消し，左に敬称の「様」を書き入れる。

　エ．女性が結婚披露宴に出席する際は，新婦よりも派手な素材やデザインにならないよう注意して服装を選ぶようにする。　　　　　　　　　　　〈第8回試験出題〉

（3）　結婚披露宴でのマナーとして，次のなかから最も適切なものを一つ選びなさい。

　ア．祝儀袋は使い終わったら捨てられてしまうので，わざわざ豪華なものを用意しなくても，紅白蝶結びの水引やのしが印刷された安価なものを用いればよい。

　イ．男性の服装は，格式の高い披露宴でなければ一般的には準礼装だが，招待状に「平服でお越しください」と書いてあれば，カジュアルな普段着でよい。

　ウ．友人の披露宴でのスピーチは，過去の不幸や苦労話，恋愛話は避け，祝福・はなむけの言葉や人柄，エピソードなどを簡潔にまとめ，ユーモアを交えて3分程度で終えるようにする。

　エ．女性の服装は，新婦のウェディングドレスに合わせて白色のドレスを着用する。豪華な宝石のアクセサリーをつけて，披露宴の場が華やかになるよう心がける。　　〈第11回試験出題〉

（4）　出産のお祝いについて，次のなかから最も適切なものを一つ選びなさい。

　ア．お祝い品を渡すのは，早ければ早いほどよいので，大安，仏滅，友引といった六曜などの暦を気にする必要はない。

　イ．病院で出産した同僚へのお祝いは，なるべく早く，まだ病院にいる間にした方がよい。

　ウ．お祝い品には，「何度あってもめでたい」という意味の紅白の蝶結びの水引がついたのし（のし紙）をつけて，表書きとして「御祝」や「御出産御祝」などと書く。

　エ．お祝い品は，出産の労をねぎらう意味も込めて母親が使う化粧品やアクセサリーを贈るようにする。乳児の成長は早く，乳児のための衣服はすぐに使えなくなってしまうので避ける。

　　　　　　　　　　　　　　　　　　　　　　　　　　　　　〈第12回試験出題〉

② 食事のマナー

① 食事のマナーの基本

　ビジネスや公式行事，披露宴などでの会食では，家族や友人だけでの食事の場合とは異なり，基本的な食事のマナーである**テーブルマナー**を身につけておく必要がある。周囲の人に不快な印象を与えないように，正しいマナーで食事を楽しむ。

◆テーブルマナーが求められる場面
気軽な場での食事と異なり，フォーマルな場での食事は，テーブルマナーの知識が必要となる。

●気軽な場での食事　　　●フォーマルな場での食事

1　どの料理にも共通する食事のマナー

▶1　身だしなみ
　会食会場へは，清潔感のある服装で出かける。女性は，髪を束ねたすっきりとした髪型で，香りの強い香水などは控える。また，男性は手や爪が汚れていないかを注意する。

▶2　席次を理解し準備は入念に
　招待状がある場合は必ず持参し，会食会場へは集合時間の15分前には到着する。食事中に席を離れるのはマナーに反するので，席に着く前には必ずトイレを済ませておく。また，席次を理解し，携帯電話などの使用は控える。

▶3　食べ方はスマートにペースを合わせる
　料理が運ばれてきたら，食器の音を立てないように会食を進める。口の中に食べ物を入れたままの会話や，ゲップなどの下品な行為は厳禁である。また，同席者と食事のペースを合わせるのもマナーの一つである。

▶4　食器や料理を自分で拾わない
　洋食で，フォークやナイフなどの食器や料理を落としたとき，自分で拾うのはマナー違反になる。落としてしまったときは，周囲の同席者に詫びてから，軽く手を挙げて係員を呼ぶ。

▶5　会話
　明るい話題を選び，会話を楽しむ。

◆テーブルマナーの基礎知識
①男女とも身だしなみに注意する。

男性　手や爪の汚れに注意する。　　女性　髪を束ね，香水は控える。

②集合時間の15分前には到着する。

PM6時より開催いたします　会場入口

③口の中に食べ物を入れたまま会話をしない。

ゲップは ✕

④落とした食器や料理は自分で拾わず，係員を呼ぶ。

⑤明るい話題を選び，会話を楽しむ

2 西洋料理のマナー

1 席次

西洋料理店での席次は，出入口から一番遠い席が上座となる。ただし，出入口に近い席でも，眺めがよいなどの条件によっては上座と下座が入れ替わる場合もある。店に入ったらまず席次を確認し，状況に応じて柔軟に対応する必要がある。

◆西洋料理の席次

●テーブル席の場合

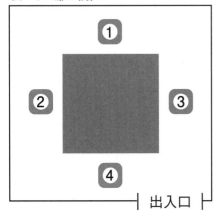

●パーティーなど大人数の場合

基本的に出入口から一番遠い席が上座で，出入口に一番近い席が下座となる。しかし ④ の席が一番眺めがよかったり，絵画が見える席なら，④ が上座となる場合もある。

結婚披露宴のようにメインテーブルの ① ② が主役の場合は，出入口から見て左側が ① の招待客，右側が ② の招待客となり，いずれも主役に一番近い席が上座となる。

2 着席

上位者または女性から先に着席する。椅子の左側に立ち，係員が椅子を引いたら椅子の前に立つ。椅子が押され，足にあたる感触があったら静かに腰をしずめる。テーブルと体の間は，にぎりこぶし一つ分程度空け，背もたれに寄りかからず背筋を伸ばす。女性のバッグは，足下か背中と背もたれとの間に置く。

◆椅子の座り方

①席まで行ったら椅子の左側に立ち，係員が椅子を引いてくれるまで待つ。

②係員が椅子を引いたら前に入り，押したらそれに合わせて座る。バッグは足元か背中と背もたれとの間に置く。

③椅子にやや深く座る。テーブルと体の間は，にぎりこぶし一つ分程度空けておく。

✕ テーブルに肘を突く　　✕ 椅子に寄りかかる

西洋料理店などのテーブル席では，肘を突いたり，椅子の背にもたれかかったり，猫背になったりせず，背筋をきちんと伸ばして着席する。

3 カトラリーの使い方

カトラリーとは，洋食器のうち食卓用金物の総称で，フォークやナイフ，スプーンを指すことが多い。金製や銀製のほか，ステンレス製のものもある。西洋料理では，カトラリーをきちんと使うことがマナーであり，パンやデザート以外は，外側から使うようにセッティングされている。

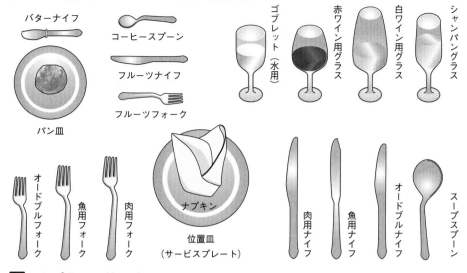

◆テーブルに配置するカトラリーセットとその他の食器の例

バターナイフ

コーヒースプーン

フルーツナイフ

フルーツフォーク

パン皿

ゴブレット（水用）

赤ワイン用グラス

白ワイン用グラス

シャンパングラス

オードブルフォーク

魚用フォーク

肉用フォーク

ナプキン

位置皿（サービスプレート）

肉用ナイフ

魚用ナイフ

オードブルナイフ

スープスプーン

◆スープの飲み方
●スプーンを，手前から向こう側にすくって飲むのがイギリス式，向こう側から手前にすくって飲むのがフランス式である。
●音をたてて飲んだり，パンをスープにつけたりしない。

4 ナプキンの使い方

ナプキンは，料理がきてから皿から取ってひろげる。汚れた部分を見せないように，折りたたんである内側を使う。食事中は，折り目を手前に二つ折りにして膝に置く。中座❶するときはたたんで椅子の上に置き，食事が終わったら軽くたたんでテーブルの上に置く。❷

❶ 中座とは，途中で席をはずすことである。

❷ ナプキンの角をきちんとたたんで退席すると，料理やサービスに満足できなかったという意思表示にとられる場合がある。

◆ナプキンの使い方
●食事の開始

折り目を手前（自分側）に二つ折りにして膝に置く。

●中座するとき

たたんで椅子の上に置く（食事の途中であることを意味する）。

●退席するとき

テーブルの上に置く（食事が終わったことを意味する）。

5 西洋料理の食べ方

西洋料理を食べるときは，以下のような点に注意する。
①同席者すべてに料理が行き渡るまで待つ。
②食事中は余分な音を立てない。
③スープはスプーンから口へ流し込むようにし，前かがみの姿勢にならないようにする。
④肉は一度に全部切らず，左側から一口分ずつ切り，口元に運ぶ。
⑤豆などの細かいものは，ナイフでスプーンの腹にのせ口元に運ぶ。
⑥食事中にナイフやフォークを置くときは，ナイフの刃を内向きに，フォークは背を向けてハの字に置く。
⑦食事を終えたら，ナイフの刃は内向きに，フォークは表を上にし，時計の4時の位置に置く。

◆フォークとナイフの持ち方

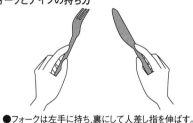

●フォークは左手に持ち，裏にして人差し指を伸ばす。
●ナイフは付け根に右手の人差し指を伸ばして握る。

◆食事中，食事終了のサイン

食事中

手を休めるときや中座するときは，ナイフの刃を内向きに，フォークは背を向けてハの字に置く。

食事終了

時計の4時の位置にナイフとフォークを揃えて置く。フォークは表を上にする。

3 日本料理のマナー

1 和室の席次

和室では，基本的に床の間に近い席が上座となる。床の間がない場合には，出入口から最も遠い席が上座となる。また，正座を必要とする日本料理店では，目上の人が足を崩し，声をかけられたら自分も足を崩すようにする。

◆和室の席次
●本勝手（出入口の正面左側に床の間がある場合）

床の間		脇床
①	テーブル	②
③		④
⑤		⑥
出入口		

●逆勝手（出入口の正面右側に床の間がある場合）

脇床		床の間
②	テーブル	①
④		③
⑥		⑤
出入口		

❶ 床の間とは，日本の住宅で，畳の部屋に作られる掛軸やいけばななどを飾る場所のこと。

2 箸の持ち方・使い方

日本では，「箸の使い方でその人の人柄がわかる」といわれるほど，箸の使い方が重要である。箸を正しく持って使うと，料理をきれいに食べることができる。また，やってはいけない箸使いには十分注意する。

◆箸の持ち方

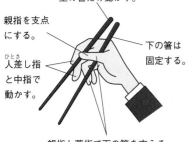

上の箸だけ動かす。
親指を支点にする。
人差し指と中指で動かす。
下の箸は固定する。
親指と薬指で下の箸を支える。

◆箸の取り上げ方

箸置き❷

①箸の中央部分を右手で取り上げる。

②左手で下から箸を支えるように持つ。

③左手で箸を支えたままで，右手を返す。

◆やってはいけない箸使い

●ねぶり箸

箸先を口の中に入れてなめること。

●探り箸

器の中や奥の料理を探るようにしてかき混ぜること。

●迷い箸

どれを食べようか迷ってあちこちと箸先を動かすこと。

●刺し箸

箸先で料理を突き刺して食べること。

●渡し箸

器や皿に箸置きのようにして置くこと。

●寄せ箸
皿やおわんを箸で引き寄せたり移動させたりすること。

●涙箸
汁気の多い料理の汁を垂らしながら口元へ運ぶこと。

●握り箸
箸を握った持ち方で食べること。

3 器の扱い方

器には，高価なものや傷がつきやすいものもあるので，丁寧に扱う。蓋つきの器は，開けた蓋を裏返し，食卓を水滴で濡らさないよう，内側を上向きにして置く。食べ終わったら，器が出されたときと同じ状態に戻す。蓋を裏返しにはしない。

4 懐紙の使い方

日本料理では，**懐紙**をナプキンの代わりに使う。おしぼりは手をふくときだけに使い，口をふいたり，指先や箸先の汚れを取ったりするときなどは懐紙を使う。

5 日本料理の食べ方……………………

　料理を食べるときは，器を手に持ち，置いてある器に口を近づけたり，手を受け皿のようにして口元へ料理を運んだりしない。料理を取るときは，取り皿や懐紙を折ったものを左手に持って受ける。また，刺身や焼き魚の食べ方にも注意が必要である。

❶ 刺身や焼き魚などの長皿，盛り合わせの中皿や大皿，器などは持ち上げて食べない。また，箸置きが無い場合は，箸袋を折って箸置きの代わりにする。

◆懐紙の使い方

懐紙で口をふく。

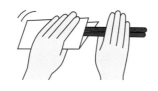

指先や箸先の汚れを取るためにも利用する。

◆懐紙を使った焼き魚の食べ方

懐紙　　　　　　　　　　　　　尾

- 懐紙を使って魚を立たせ，箸で背の身を押す。
- 魚を元の位置に戻して，箸で尾を取る。

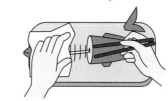

- 箸で魚を押さえ，頭を引いて骨を抜く。
- 身は，一口ずつ食べるようにする。

◆刺身の食べ方

- 手前に並んでいる刺身から順番に食べる。
- わさびは刺身に直接つける。

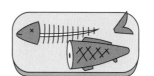

- 口に入った小骨を取り出すときは，懐紙で口元を隠す。
- 取り出した小骨は皿の奥側にまとめておく。

---

4 中国料理のマナー

1 ターンテーブル（円卓）での席次……………………

　中国料理では，ターンテーブルを数人が囲んで食事をする場合が多い。ターンテーブルは時計回りに動かす。なお，席次は出入口から一番遠い席が上座となり，上座から見て左側が2番目，右側が3番目の席となる。

❷ 北京料理，広東料理，四川料理，上海料理を四大中国料理という。

2 料理の取り分け方……………………

　料理を取り分ける際は，次のような点に注意する。

①同席者に料理が行き渡るよう，考えながら一人分を取る。

②立って料理を取らない。

③円卓を反対側に回さない。また，ほかの人が料理や調味料を取っているときには回さない。

④ほかの人に料理を取り分ける必要はない。

◆レンゲの使い方

人差し指をレンゲの溝に入れ，親指と中指で挟むように持つ。一口分をレンゲの先にのせて口に運ぶ。

◆円卓の席次　　◆円卓での料理の取り分け方

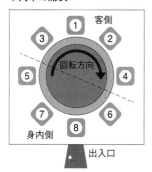

①左隣の人に「お先に失礼します」と一声かけてから料理を取り始める。

②1人分よりやや少なめの量を皿に取る。好きな物だけを選ばない。

③他の人が調味料を取っていないか確認してから円卓を回す。料理は全員に行き渡るまで箸を付けない。

3 中国料理の食べ方……………………

　料理が全員に行き渡り，主賓が箸をつけるまでは食べ始めない。ご飯茶碗以外の器は手で持ち上げず，汁気の多いものはレンゲを使って食べる。

❸ レンゲとは，陶製のスプーンのことである。

立食スタイル[1]のパーティーにおける主な目的は，食事をすることよりも，さまざまな人々との交流を楽しむことである[2]。

1 服装

飲食や会話を立って楽しむ立食スタイルのパーティーなどでは，動きやすい服装が最善である。男性は，黒や紺，茶色などのスーツ，女性は裾があまりひろがっていないワンピースや，パンツスーツなどが適切である。靴も疲れにくいものを選ぶとよい。

2 歓談

立食スタイルでは，交流が中心となるので，初対面の人にも自分から気軽に話しかける。会話をするときは，左手で皿とフォーク，グラスを持ち，右手は握手のためにあけておくのがマナーである。

◆会話をするときの食器の持ち方

●皿とフォークや箸の持ち方

左手の中指，薬指，小指を皿の下に添え，中指と薬指の間でフォークや箸の中央を固定する。

●皿とグラスの持ち方

左手の親指と人差し指，中指で皿を持ち，グラスは左手の手のひらにのせ，薬指と小指で支える。

3 料理の食べ方・取り方

料理は，メインテーブルにコース順で並んでいるので，できるだけ順番どおりに食べる。また，食べ終えたあとの皿は，サイドテーブルに置いておけば，係員がかたづけてくれる。飲み物は，係員がトレーにのせて会場を回っているので，そのなかから好きなものを選ぶことができる。

料理が取り放題だからといって，一枚の皿に山盛りにしたりするのは，マナー違反である。自分が食べられる量だけを取って，食べ残しをしないようにする。

◆立食スタイルでの食事の基本的なルール

山盛りにしない	食べ残さない	メインテーブルの前で食べない

一枚の皿に取る料理は2〜3種類にする。	自分が食べられる量だけを取り，料理を残さないようにする。	テーブルに立ち止まっていると他の人の迷惑になるので，すぐに離れる。

温度の違いに注意する	皿を取り替える	食べた皿は片付ける

冷たいものと温かいものを別々の皿に取る。	一度使った皿やグラスは使わず，新しいものと取り替える。	簡単に揃え，サイドテーブルに置いておく。

[1] 立食スタイルは，ビュッフェスタイルともいわれる。食べ放題のバイキングスタイルとは異なる。

[2] 立食スタイルの会場に置かれている椅子は休憩用であり，独占して座り込むのはマナー違反である。

◆立食スタイルのパーティーで避けたほうがよい女性の服装の例

裾がひろがっている服や長めのストール，足が疲れやすいハイヒールなどは避ける。

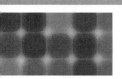

練習問題⑨

2節　食事のマナー（p.41〜46）

（1）　食事のマナーとして，次のなかから最も適切なものを一つ選びなさい。

ア．食事をする際は，周りの人と合わせることなく，自分のペースで好きなように食べてよい。

イ．げっぷは生理現象であるため，食事中であっても気にせずにしてよい。

ウ．料理が残ってしまうともったいないので，持参した容器に入れて持ち帰ってもよい。

エ．食べているものが見えてしまうので，口に物が入っている状態で喋ってはいけない。

〈第8回試験出題〉

（2）　洋食のマナーとして，次のなかから<u>適切でないもの</u>を一つ選びなさい。

ア．ナプキンは二つ折りにして膝の上に置く。食事の途中で席を離れるときは，きちんとたたんでテーブルの上に置く。

イ．テーブルと体の間は握りこぶし1〜2個分くらいあけて座る。また，椅子の背もたれには寄りかからないように座る。

ウ．ライス（白米）はフォークの表面に，フォークからはみ出さない位の量をのせて食べる。スプーンはスープなどをすくうためのものであり，ライスを食べるのには用いない。

エ．パスタを食べるときに，スプーンを受け皿代わりにして，その上でフォークを回転させるような，カトラリー同士が擦れて傷がつく食べ方をしない。　〈第11回試験出題〉

（3）　和食のマナーとして，次のなかから<u>適切でないもの</u>を一つ選びなさい。

ア．焼き魚などの長皿，盛り合わせの大皿や器は持ち上げて食べない。

イ．懐紙は指先や箸先の汚れをぬぐったり，受け皿として使ったりできるので，あらかじめ用意しておくとよい。

ウ．料理の味が混ざらないように，箸先を口の中に入れてなめてきれいにしてから次の料理を食べる。

エ．箸置きがなければ，箸袋を折って箸置きの代わりにする。器や皿の上に箸を置かない。

〈第11回試験出題〉

（4）　中国料理のマナーとして，次のなかから<u>適切でないもの</u>を一つ選びなさい。

ア．一口では食べられない春巻きなどをそのままかじりつくのは上品ではないので，箸で一口大に切ってから食べる。

イ．麺類のスープは，器に口をつけて飲んだりせず，れんげを使って飲む。

ウ．円卓のターンテーブル（回転台）は時計回りに回す。自分の席に近いからといって反対には回さない。

エ．大皿の料理やスープは，こぼさないように立ち上がって取り分ける。　〈第11回試験出題〉

（5）　ビュッフェ（立食）スタイルのマナーとして，次のなかから最も適切なものを一つ選びなさい。

ア．料理を取ってきたが，同行者が戻ってくるのには時間がかかりそうなので，先に食べ始めた。

イ．料理を取りに行くたびに，新しい皿を使った。

ウ．少し料理を取り過ぎたので，食べ始める前に料理台の皿に戻した。

エ．おいしそうな料理が残り少なかったので，同行者の分も取ってきた。

〈第6回試験出題〉

3 接客に関するビジネスマナー

■1 接客　■2 ホスピタリティ

1 接客

ここでは小売店での店頭販売を中心に，**接客**について学習する。❶

1 効果的な接客

接客を通してお客に満足してもらうためには，実際に接客をする販売員の資質や接遇態度を高める必要がある。

■1 販売員の資質

▶1 情報収集能力

消費者が販売員に求める第一の資質は，知識の豊富さである。販売員には次のような知識と**情報収集能力**が求められる。

- 取り扱い商品に関する知識（特性，製造方法や原材料，使用方法）
- 他の商品や他店の商品に関する知識
- 流行や消費動向などに関する知識
- 地域情報などの知識
- 在庫状況やアフターサービスに関する知識
- 冠婚葬祭などの儀礼に関する知識

▶2 人柄の良さ

知識が豊富であっても，お客から「感じが悪い」と思われては販売員失格である。人柄のよさや誠実さが，販売員にとっての一番の財産である。❷

■2 接遇態度

接客サービスには，お客が気持ちよく，楽しい買い物時間が過ごせるように配慮する精神的なサービスのほか，商品知識に基づいて適切にアドバイスをする機能的サービスがある。接遇の際には，特に次の点に留意する。

- **健康管理**…疲れやストレスをためないように気をつける。
- **感情管理**…不快なことがあっても顔に出さず，感情をコントロールする。
- **身だしなみ**…清潔な服装や化粧，髪型などを心掛ける。
- **挨拶**…「いらっしゃいませ」「ありがとうございました」などの挨拶は心をこめてはきはきという。
- **私語を慎む**…売り場にいる時は姿勢を正し，私語を慎む。
- **先入観を持たない**…お客の身だしなみや年齢から好みを推測することはよいが，なるべく先入観を持たずに接する。
- **公平な接遇**…お客の年齢や買い物量によって差別せず，公平な態度で接する。

❶ 接客は小売店だけでなく，飲食店，ホテル，観光施設など，さまざまな場で行われる。

❷ 人柄のよさや誠実さは，自然と顔つきや言葉遣いににじみ出る。真心がこもった明るい笑顔や挨拶が自然にできること，気配りや心配りができることも，販売員に求められる能力である。

◆勤務中は私語を慎む

次の休暇にね…

◆公平な接遇を心がける

何かお探しですか？

お客の購買心理

　販売員は，お客の購買動機を知るために，**購買心理**を理解しなくてはならない。資金状態や必要度に応じて購買心理の動きは異なるが，AIDCA（アイドカ）**の法則**❶によれば，次のように経過するといわれる。

❶　類似の法則として，AIDMAの法則がある。
　① A：注目（Attention）
　② I：興味（Interest）
　③ D：欲望（Desire）
　④ M：記憶（Memory）
　⑤ A：行動（Action）
AIDCAの法則と異なるのは，C（確信）がM（記憶）である部分のみである。

① A：注目（Attention）
必要性を感じている商品の広告や気を引くような広告を目にしたときに，立ち止まって注意を払う。

② I：興味（Interest）
注目した商品について，価値を確かめてみたいという興味を持つ。

③ D：欲望（Desire）
興味をもった商品を所有したいというニーズに変わる。販売員が積極的に働きかけるとお客のニーズが強化される。

良さそう…

④ C：確信（Conviction）
商品の品質などに納得して「使いたい」「買いたい」と確信する。

欲しい！

⑤ A：行動（Action）
実際にお金を支払い，購入する。

ありがとうございました。

3 お客の購買心理に基づく販売員の接遇

1 接遇の重要性

店頭販売では，店舗の立地や取り扱い商品がお客の大きな来店要因となる。来店時には購買意欲が高くないお客を相手にすることもあるため，販売員の印象や接遇が購買の重要な要因となる。

2 購買心理に基づく販売員の接遇

前ページで購買心理としてAIDCAの法則を学んだが，ここではこの法則をもとに8段階の購買心理を示し，これに対する販売の手順を示す。

---

①注目

お客が注目の段階では，販売員は待機の段階である。お客の視線がわかる場所，接客しやすい場所に待機する。

---

②興味

お客が興味を持つ段階は，お客にアプローチする段階である。「いらっしゃいませ」「何かお探しですか」「お試しになれますよ」などと声をかけ，お客の興味を喚起させる。アプローチのタイミングは，目が合ったとき，商品を見つめたとき，足を止めたときなどである。

何かお探しですか。

---

③連想

お客が商品を手にとったりタグを見たりする段階が，お客に応対する段階である。一人の販売員が一人のお客に応対する。

入荷したばかりの商品です。

---

④欲望

洋服などであれば身体にあててみたりする段階で，具体的に商品を提示する。商品の特徴を示す場合は，数種類の商品を取り出し，その特徴を簡単に説明する。

3色ございます。

---

⑤比較検討

お客に商品を説明する段階である。洋服であれば試着をすすめ，色や柄，デザイン，サイズなどお客が気に入るものを取り出して，十分に納得できる説明をする。自分の知識では答えられない場合は正直にその旨を話し，答えられる販売員に応援を頼む。

アレンジも楽しめますよ。

---

⑥信頼

お客に購買の決定を促す段階である。お客は「買いたい」という気持ちを持っているが，最後の決断がつかない場合がある。その場合には，強引な態度ではなく，誠実な態度でアドバイスをする。また，商品のこれはというセールスポイントをこの段階でたたみかけると決断を促しやすい。

どの季節でもお使いになれる素材です。

---

⑦行動

金銭の授受，商品の包装，引き渡しの段階である。商品代金を受け取り，商品の包装をする。なお，購買決定の最終段階をクロージングとも呼ぶ。

ただいまお包みいたします。

---

⑧満足

「ありがとうございました」という言葉とともに商品を渡し，お客を見送る段階である。「また，どうぞお越しくださいませ」という言葉とともに，感謝の気持ちを持って見送る。洋服など売り場が区切られている場合には，売り場の外まで包装した商品を販売員が持っていき，そこで手渡してもよい。お客が売り場を去るまできちんと見送る。

またお越しくださいませ。

---

4 クロージングと金銭授受

■ クロージング··

　クロージングとはお客と契約を結ぶという意味で，販売の場面では，お客が購入の意思を固め代金を支払う行動を指す。販売員は，お客が購入を迷っている場合には，購買を促すような言葉かけを行い，クロージングを試みるとよい。

② 金銭授受··

　お客が購入を決めたら，**金銭授受**を正確に行う。金額に間違いがないように口頭で確認するようにする。また，金銭の授受の証明に**領収証**を発行する場合は，作成ルールに則って作成し，本体価格が5万円以上の場合は収入印紙を貼付する。

◆金銭授受の流れ

①お客に値札を示しながら，預かり金額を口頭で確認する。

②買上金額，預かり金額を口頭で確認し，レジに入金する。釣り銭を口頭で確認する。

③釣り銭を渡すときは金額を口頭で確認する。「お改めくださいませ」の言葉を添える。

5 在庫管理と欠品対応

　商品の欠品がないよう，販売員は**在庫管理**を行わなければならない。万が一欠品の場合にはお客に謝罪し，**取り寄せ票**を作成して，取り寄せを手配する。その際には次の点に注意する。

> ・商品の到着予定日を確認する（必要があれば卸売業者などに電話で確認する）。
> ・取り寄せ票を作成する場合は，商品名や型番，色，価格を確認し，氏名のほか，連絡先の電話番号，商品到着予定日を記入する。
> ・取り寄せ票をもとに発注を行う。
> ・商品が到着したら，その旨をお客に連絡する。

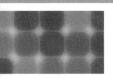

練習問題⑩

（1）　接客に対する心構えについて，次のなかから<u>適切でないもの</u>を一つ選びなさい。

ア．年齢や性別，外見などで接客態度を変えず，どんな客にも相手の気持ちに寄り添い，心のこもった接客を心掛けるとよい。

イ．売り場に客がいないときは，同僚や上司とプライベートな話題で親睦を深めるとよい。

ウ．売り場の商品の知識だけでなく，流行や消費動向に関する情報を，専門誌，SNSなどからこまめに収集し把握するとよい。

エ．地域の慣習や行事，儀礼の知識を身につけ，客の要望に応えられるような接客を心掛けるとよい。　　　〈第11回試験出題〉

（2）　客が来店した際のアプローチとして，次のなかから最も適切なものを一つ選びなさい。

ア．明るくあいさつし，歓迎の気持ちを込めて，にこやかに話しかける。

イ．客のそばに近寄り，勧めたい商品の説明をすぐに始める。

ウ．こちらからは声をかけず，客から声がかかるまでじっと待つ。

エ．客に無駄な時間をとらせないよう，購入の意思があるか，単刀直入に聞く。

〈第7回試験出題〉

（3）　客が来店した際の販売員の対応として，次のなかから<u>適切でないもの</u>を一つ選びなさい。

ア．あいさつした後は，客に店内を自由に見てもらい，必要に応じて声をかける。

イ．本日は商品の割り引きがあり，いつもよりもお買い得であることを伝える。

ウ．当店には特典のあるポイントカードがあることを伝え，作成をすすめる。

エ．特に気にしていないという態度で，そのまま商品の整理を続ける。　　　〈第8回試験出題〉

（4）　客の購買意欲を高める販売員の対応について，次のなかから<u>適切でないもの</u>を一つ選びなさい。

ア．客がどのような場面で商品を使用するかを会話の中から聞き出し，使用している場面が想像できるようにするとよい。

イ．客が日頃から不便に思っていることや困っていることを会話の中から聞き出し，共感し手助けができるようにするとよい。

ウ．客の好みの色やデザインを会話の中から聞き出し，希望にそった商品を探して手に取ってもらい，他の商品と比較できるようにするとよい。

エ．客の予算を会話の中から聞き出し，所有するだけで優越感にひたれる高級ブランド品を，予算を超えてでも購入するようすすめるとよい。　　　〈第9回試験出題〉

（5）　販売員の応対として，次のなかから最も適切なものを一つ選びなさい。

ア．客が入店したらすぐに近寄り「いらっしゃいませ，何かお探しですか」と親しみを持ってもらえるように声をかけた。

イ．レジで代金を受け取るときに値札を客に示し「消費税を合わせまして○○円です」と金額を確認した。

ウ．入店した客が何も購入せず店を出たので，気付かないふりをして無言で見送った。

エ．客が商品を手に取り購入を迷っているようなので，「ご購入でよろしいですね」と客が購入を決めるように声をかけた。　　　〈第12回試験出題〉

② ホスピタリティ

① ホスピタリティとおもてなし

　店頭での販売に限らず，飲食店，宿泊施設，観光施設などでの接客ではホスピタリティが大切である。ホスピタリティとは相手のことを深く思いやる気持ちや，相手のことを知り配慮すること，心から思いやって接することをいう。似た言葉にはおもてなしがある。

② 外国人に対する接客

　日本政府は観光立国を掲げ，訪日外国人観光客（インバウンド）を増加させるための施策を実施してきた。また，労働力人口の減少を見込み，外国人労働者を受け入れる施策も実施している。外国人に対する接客も日本人に対するものと基本的には変わらないが，言葉の壁があったり，習慣や文化の違いがあったりするため，配慮が必要である。

■ 自分から声をかける

　日本人に対する接客と同様，自分から挨拶をし，声をかけるようにする。外国語を話せないからとしり込みせずに，日本語や片言でもいいので，声をかけるとよい。また，接客で必要な会話は限られているため，まずは簡単な言葉から外国語を覚えるようにする。

■ 習慣の違いに配慮する

　国や宗教により，習慣やタブーとされることは異なる。日本の習慣や自分の価値観を押し付けずに，相手との習慣の違いを理解し，配慮するようにする。

　ただし，外国人観光客に対する気遣いは必要であるが，外国人観光客にとってそれが過剰なサービスとならないよう注意しなくてはならない。例えば，浴衣をパジャマに変更する，箸ではなくスプーンを提供するなどは，日本の文化を体験したいと思っている外国人観光客にとっては，良いサービスとはならないからである。

◆ホスピタリティの例

食事中に疲れて寝てしまったお客の子どもに毛布をかけている様子。相手を思いやる気持ちは，こうしたさりげない気配りとなって提供される。

◆国による習慣の違い

●インド

頭は神が宿るところだと考えられているため，子供の頭であっても撫でてはいけない。

●韓国

食器を手に持って食事をする習慣がないため，汁物やご飯を提供する際にはスプーンを用意したほうがよい。

●シンガポール

白・青・黒は祝い事の席では使ってはいけない。

3 食材に注意する··

　飲食店での接客では，提供する料理に使われている食材に関する問い合わせを受けることもあるため，お客に対して提供可能な食材かどうかに注意しなくてはならない。主な注意するべき点は，以下である。

▶1　アレルギーに注意する

　日本人に対する接客と同様に，外国人客にもアレルギーの有無を確認する。言葉の壁があるため，外国語表記のメニューを用意したり，写真で料理に使用している食材がわかりやすいようにしたりする。

▶2　宗教ごとの禁止食材に注意する

　宗教によっては戒律で禁じられている食材があるため十分に注意し，禁止食材が料理に使われていないか調べておく必要がある。イスラム教徒が食べることを許されている食材を適切に処理した料理のことを**ハラール料理**という。ハラール料理には，日本料理に欠かせないみりんなどの調味料や料理酒を使用することができない。

▶3　食習慣の多様化に注意する

　近年では，肉や魚を食べない食習慣を持つ**ベジタリアン**や，肉や魚だけでなく卵や乳製品などの動物性食品も口にしない食習慣を持つ**ヴィーガン**と呼ばれる人々が増えており，ベジタリアンやヴィーガン向けのメニューの用意も必要となっている。他にも，小麦などに含まれるたんぱく質のグルテンを摂取しない，**グルテンフリー**❶と呼ばれる食習慣を持つ人もいるなど，多様な食習慣への理解が重要である。

❶　グルテンにより体調を崩すセリアック病や，小麦アレルギーの対応から始まった食習慣といわれている。

◆主な宗教の食材の注意点

イスラム教	ヒンドゥー教	モルモン教
・豚肉と豚肉由来のものは食べない。 ・アルコールはとらない。 ・ハラール料理しか食べない。 ・左手は不浄とされるので，食事は右手でするが，ナイフやフォークは左手を使ってもよい。 ・ラマダンの月は夜明けから日没まで断食する。	・牛は神聖な動物とされているため，牛肉は食べない。 ・卵類は生命の源と考え，食べない人がいる。 ・カーストによって食の禁止事項が異なる。 ・異なるカーストの人とは食事をしない人もいる。 ・左手は不浄とされるため，右手で給仕する。	・アルコール，たばこ，カフェインを含んだコーヒー，紅茶などの飲み物をとらない。 ・野菜が重視され，肉は控えめにとる。 ・月に一度，土曜日から日曜日の夕刻に断食が行われる。

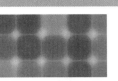 **練習問題⑪**

（1）　ホスピタリティについて，次のなかから<u>適切でないもの</u>を一つ選びなさい。

　ア．いつでも相手が誰であろうとも同じ対応することが求められる。接客にあたる者は，マニュアルどおりに対応しなければならない。

　イ．ホスピタリティとは，相手を慈しむ心や歓待の精神による自発的な行為である。

　ウ．常に相手の立場に立って寄り添うよう行動する。客は心のこもった接客によって感動や驚きを感じることができる。

　エ．医療現場だけでなく飲食店や旅館，ホテルなどにおける接客の場面で求められる。

〈第11回試験出題〉

（2）　外国人に対する接客に関して，次のなかから最も適切なものを一つ選びなさい。

　ア．外国人に対しては，すべて日本人とは異なるサービスを行うとよい。

　イ．外国人に対しても，日本人と同じように積極的に声をかけることが大切である。

　ウ．「郷に入れば郷に従え」という言葉があるように，外国人だからといって特別に配慮する必要はない。

　エ．日本文化を楽しみに来ている外国人もいるため，外国語表記はしない方がよい。

（3）　宗教に関係した食事や食材に関して，次のなかから<u>適切でないもの</u>を一つ選びなさい。

　ア．イスラム教では，豚肉や豚肉由来のものを食べてはいけない。

　イ．イスラム教では，通常のみりんや料理酒なども禁止食材となっている。

　ウ．ヒンドゥー教では，異なるカーストの人とは食事をしない人もいる。

　エ．イスラム教やヒンドゥー教では，右手は不浄とされている。

（4）　外国人の習慣や文化の違いに関して，次のなかから<u>適切でないもの</u>を一つ選びなさい。

　ア．外国人には浴衣ではなくパジャマ，箸ではなくナイフとフォーク，畳敷きの部屋ではなくベッドの部屋にするなど，必ず日本人と異なるものを提供した方がよい。

　イ．国により習慣や宗教などが異なるため，接客業では代表的な禁止事項などを研修などで確認するとよい。

　ウ．食べ方やトイレの使い方など，図や写真で表すことができるものは活用するとよい。

　エ．アレルギーなど万国共通のものについては，日本人と同様に確認をとる。

（5）　訪日外国人観光客に関して，次のなかから最も適切なものを一つ選びなさい。

　ア．日本は観光立国を掲げ，訪日外国人観光客を増加させる施策をとっていたが，渋滞やごみ問題などが起こったため，観光業界は日本人旅行者の増加を進めている。

　イ．訪日外国人観光客は富裕層が多く，一般的な店にはあまり立ち寄らないので，訪日外国人観光客に対する配慮などが必要な店は一部に限られる。

　ウ．インバウンドとは，訪日外国人観光客や，訪日旅行のことを指す。

　エ．訪日外国人観光客数は2016年に2,000万人を突破したが，それ以降減少が続いている。

4 企業の組織と人間関係

1 企業の組織と意思決定　**2** 業務の進行方法　**3** 仕事に対する心がまえ
4 人的ネットワークの構築

組織の中で良い人間関係をつくることが，仕事を進めるうえでは大切である。ここでは，企業の組織と意思決定の流れ，業務の進め方，組織の一員として働く場合の心がまえや，人的ネットワークを構築することの重要性について学習する。

1 企業の組織と意思決定

1 企業の組織

1 組織の階層と種類···

一般的に企業では組織をつくり，社員一人ひとりが，それぞれの仕事を分担している。●

組織の中でそれぞれに割り当てられた仕事を**職務**という。また，この職務を分担する組織上の地位のことを**職位**という。

組織は，経営の基本方針を決定し，経営責任を持つ**経営者層**，基本的な方針を具体化する行動計画を立て，従業員の仕事を管理する**管理者層**，一般従業員に分かれる。組織は次のような階層❷になっている。

①**経営者層（management）**…取締役会や社長など経営の基本方針を決定したり，企業経営の全般を行ったりする機関や職位からなる。

②**中間管理者層（middle management）**…特定の部門を管理する権限を持つ部長や，課の管理を行う課長などの職位からなる。

③**現場管理者層（lower management）**…担当業務について直接作業層に指示する係長，主任などの職位からなる。

④**一般従業員**…作業の内容は，企業のビジネスによってさまざまだが，仕入，製造，販売，経理，人事などに分けられる。❸

▶**1** **職能別組織**

製造や販売といった機能や職能で編成された組織のことを，**職能別組織**という。

❶　創業期の企業では，経営者が一人ですべての業務を行うことがあるが，仕事量が増えると従業員を雇い，業務を**分業**することになる。

❷　管理の階層による分化を垂直的分化という。

❸　仕事の分化に応じて組織が分化することを水平的分化という。

◆組織の階層化（職能別組織の場合）

| 経営者層 | 社長 |
| 副社長 |
| 専務など |

| 中間管理者層 | 部長 | 商品部／営業部／経理部／総務部 |
| 課長 | 仕入課／倉庫課／販売課／得意先課／会計課／資金課／人事課／企画課 |

| 現場管理者層 | 係長 |
| 主任 |

| 一般従業員 |

▶2 事業部制組織

　企業の規模が大きくなると，製品の種類や事業数が増え，すべての事業の意思決定を経営者が行っていては時間がかかるようになる。そこで，製品ごと，事業ごと，地域ごとなどに部門化して，独自の利益責任で事業を行う**事業部制組織**をつくることもある。

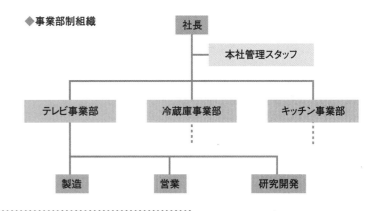

◆事業部制組織

2 管理の原則 ……………………………………………………………………

　管理者層は，企業の目的達成のために，計画を立案し，仕事を効率的に進めるため一般従業員に指示を与え，監督し評価をする。管理を効率的に行い，組織を効果的に運営するには，次のような原則がある。

▶1 命令系統一元化の原則

　部下は常に一人の上司から命令を受けるようにする。複数の上司からそれぞれ異なる命令を受けると部下が混乱するため，指示系統は一つにする。

▶2 権限と責任一致の原則

　職務を遂行する場合の権限の範囲はその職務に見合ったものにし，責任も一致させる。上司が部下に権限を与えることで部下は能力を発揮できるが，上司は部下の出した結果には監督責任を負わなければならない。

▶3 統制の範囲の原則

　一人の上司が有効に管理できる人数には限りがある。それを超えて部下を持つと，十分な統制や管理ができなくなるため，適正な人数の部下を持つ必要がある。

◆管理の原則

2　意思決定

1　企業における意思決定……………………………………………

　企業では，事業目的や経営理念を達成するために，事業計画を立て，実行している。事業計画の立案や実行の際には，情報を収集，分析し，さまざまな案の中から最適な案を選択している。この一連の行為のことを**意思決定**という。企業では，組織のさまざまな階層で意思決定が行われている。

2　意思決定と組織の関係……………………………………………

　企業では，経営者や社員はその権限の範囲内で，課題の解決や業務執行のための意思決定を行っている。経営者層や上司の行った意思決定は社員や担当者に伝わるようにしなければならず，社員はそれに従わなければならない。また，社員は権限のない課題や業務に関しては勝手に意思決定を行うことはできず，上司の承認を得なければできない。企業内の意思決定は命令系統によって社員全員に伝達，理解されていなければならず，意思決定が効率的に行える組織を作ることが大切である。

　なお，株式会社では株主総会が最高の意思決定機関であり，経営に関する通常の意思決定を行う機関が取締役会である。
→p.91とりしまりやくかい
→p.91

3　意思決定の種類……………………………………………………

▶1　定型的な意思決定
　定型的な意思決定とは，物品の購入や作業改善方法など，日々の業務を効率的に行うために必要な，日常反復的に発生する簡単な課題に対する意思決定のことである。さまざまな階層で行われている。

▶2　非定型的な意思決定
　非定型的な意思決定とは，企業の経営方針や経営戦略など，企業の根幹にかかわるような複雑な課題や非日常的な課題に対する意思決定のことである。経営者層や管理者層でおもに行われている。

4　意思決定の方法……………………………………………………

▶1　会議

　組織における意思決定は，**会議**によるものが原則である。それぞれの機関や職位に対しては，職位明細書や業務執行規定などで仕事や意思決定の範囲が定められている。したがって，その規定により，自分の所属する組織の会議を経て意思決定をする。そして，通常は組織の経営者層の承認を得て，はじめて意思決定をした内容について実行に移すことができる。

▶2　稟議

　定型的な課題に関する意思決定については会議を開かずに，**稟議**によって意思決定を行う場合もある。稟議とは，発案者が作成した文書を関係者に回覧し，それぞれの承認を求める手続きのことで，作成された文書を**稟議書**という。最終的な決裁までに稟議書は複数の関係者の承認を得なければならないが，実際に実行されるまでに関係者が内容をさまざまな角度から検討することができる。しかし，組織によっては回覧のための時間がかかったり，責任があいまいになるという短所もある。稟議は，比較的大規模な組織でとられる意思決定の方法である。

◆定型的な意思決定
●物品の購入

プレゼンテーション用の
プロジェクターの
調子が悪いから，
買いかえよう。

◆非定型的な意思決定
●経営方針の決定

3年間でアジア
市場の顧客数を
5倍にしたい。

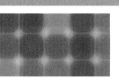

練習問題⑫

（1）　企業の経営組織について，次のなかから<u>適切でないもの</u>を一つ選びなさい。

ア．組織は大きく経営者層，管理者層，一般従業員の階層に分けられる。

イ．仕入，製造，販売などの専門機能で編成される組織を職能別組織という。

ウ．経営者層には，社長，専務，部長，課長などの職位があり，企業経営の基本方針を決定する。

エ．製品ごと，顧客ごと，地域ごとなどに部門化して運営する組織を事業部制組織という。

〈第11回試験出題〉

（2）　職能別組織の説明について，次のなかから最も適切なものを一つ選びなさい。

ア．担当する地域や製品ごとに部門化して事業を行う組織のことである。

イ．グループ内の中核となる会社が他の会社の株式を持って，グループ全体の管理を行う組織のことである。

ウ．プロジェクトを成功させるために，一時的に編成された組織のことである。

エ．製造や開発，営業など，業務内容ごとに階層化された組織のことである。　〈第3回試験出題〉

（3）　管理のルールと経営組織の意思決定について，次のなかから<u>適切でないもの</u>を一つ選びなさい。

ア．異なる命令による混乱を避けるため，部下は常に一人の上司から命令を受けるようにする。

イ．上司が部下に権限を与えた場合，部下が出した結果には部下が責任を負う。

ウ．与えられた権限や責任の範囲以上の課題や業務に関して，勝手に意思決定してはならない。

エ．十分な統制や管理をするためには，適正な人数の部下を持つ必要がある。

（4）　株式会社における意思決定について，次のなかから<u>適切でないもの</u>を一つ選びなさい。

ア．株主総会は，経営に関する重要事項を決定する最高意思決定機関である。

イ．経営方針から日常的な物品購入まで，内容に関わらず，意思決定はすべて会議によって行う。

ウ．取締役会は，業務執行の意思決定をする権限を与えられている。

エ．意思決定の内容は上司から部下へ指示や命令として伝えられ，社員はそれに従う義務がある。

〈第11回試験出題〉

（5）　稟議書（りんぎしょ）について，次のなかから最も適切なものを一つ選びなさい。

ア．関係者に回覧して案件の承認を求めるための文書

イ．会議の出席者や討議内容，決定事項などをまとめた文書

ウ．宣伝を目的とした催しを知らせるために出される文書

エ．商品やサービスの売買に関する取り決めを記載した文書　〈第11回試験出題〉

2 業務の進行方法

1 指示・命令の受け方

企業の組織は縦割りである。一般の社員は，上司からの指示・命令に基づいて業務を行う場合が多い。また，指示された業務は，途中経過の報告や終了後の報告，または報告書の提出により完了となる。以下のような点に留意して，指示・命令を受ける。

▶1 **呼ばれたらすぐに上司のもとへ行く** どんなに忙しくても，上司に呼ばれたら必ず「はい」と返事をして席を立ち，上司のもとへ行く。

▶2 **指示・命令はメモを取りながら聞く** 複雑な用件や数字，日時などについては必ずメモを取る。内容については，5W3Hを活用する。

▶3 **質問は上司の話が済んでからにする** 指示・命令を聞き終わってから，不明な点や理解できなかった点を質問する。

▶4 **要点は復唱して確認する** 最後にメモを見ながら，上司の指示・命令を正しく理解しているか，要点を取り違えていないかを復唱して確認する。

▶5 **無理な仕事は引き受けない** 他の上司から，すでに別の指示・命令を受けている場合には，その旨をきちんと伝えて指示を仰ぐ。

2 業務の進め方

業務を進めるにあたっては，あらゆる場面で上司に対する**報告・連絡・相談**（これを**ホウレンソウ**という）を心掛ける。また，常に業務の改善を考え，次の業務に生かしていく姿勢が重要である。

▶1 **ホウレンソウ**

①**速やかに，要領よく行う**…報告すべきことがらは，遠慮せず「今，お時間はよろしいでしょうか」などと，上司の都合を聞いてから行う。

②**「結論」から始める**…まず，結論を先に述べる。説明には自分の解釈や意見を交えず，事実のみを報告する。

③**悪いことほど早く報告する**…業務の進行状況が悪いときほど早めに上司に報告をし，対策を立てる。

④**必要な情報を必要な人に伝える**…相手側の仕事の内容・役割をよく理解し，どこの部署にどの程度の情報を流せばいいかを適切に判断する。

⑤**仕事は相談から始まる**…迷ったときは一人で解決しようとせず，上司に相談するとよい。依頼された仕事が手に余るときや，ミスをしたときなどは，一人で悩まず気軽に上司や先輩・同僚に相談する。

▶2 **PDCAサイクル**

継続的な業務の改善活動などで，広く活用されている手法の一つに**PDCAサイクル**がある。**計画（Plan）→実行（Do）→評価（Check）→改善（Act）**の四つのプロセスを順に実施していくことで，業務の改善を図り，次の計画策定に役立てるものである。

◆メモを取りながら聞く

はい。

◆ホウレンソウ

報告（ホウ）
先方の山田部長が大変ご立腹のようです。

連絡（レン）
山田部長は16日の15時からが，ご都合がよいとのことです。

相談（ソウ）
山田部長に改めて企画のご提案をしてもよろしいでしょうか。

◆PDCAサイクル

Plan=計画を立てる
Do=実行する
Check=評価・検討する
Act=改善策を講じる

3 スケジュール管理

　仕事の段取りを工夫することで，忙しさが解消する場合もある。効率的に仕事をするには，仕事の優先順位とスケジュールの決め方が大切である。

1 優先順位の基準

▶1　**期限を第一に考える**　どんな仕事にも期限や納期がある。まずは，期限を第一に考えることが重要である。

▶2　**時間のかかる仕事から取り組む**　時間のかかる仕事から手をつけ，それを処理している過程で，余裕があるときに目先の小さな仕事を片付ける。

2 時間配分

▶1　**始業前に予定を確認する**　毎朝，その日のスケジュールを確認し，優先順位と時間帯を決めてから仕事に取りかかれば能率的である。

▶2　**時間を有効に配分する**　毎日定型的にする仕事，上司から命令された特別な仕事，雑仕事，新たに挑戦する創造的な仕事に，それぞれ時間を有効に配分する。

▶3　**時間配分にはゆとりをもたせる**　仕事は業務時間内に終わるように，計画的に時間を配分すべきである。しかし，あまりぎりぎりな計画だと，何かの都合で計画通りにいかない場合，他の仕事も遅れてしまう。したがって，計画には多少ゆとりを持たせるようにする。

3 スケジュール表の作成

　スケジュール表は，行動予定を記録する予定表であり，個人で管理するものと，社内で共有するものがある。[1]

　スケジュール表は対象とする期間の違いによって次のように分けられる。

　年間スケジュール表は，早めに準備して社内で共有できるようにするとよい。

　スケジュール表は紙で共有したり，**グループウェア**で共有したりする。

期間	種類
1年間	年間スケジュール表
1か月間	月間スケジュール表
1週間	週間スケジュール表
1日単位	日程表

◆時間配分と優先順位

さまざまな種類の仕事の時間配分と優先順位を決めて，効率的に行う。

❶　記号や色分けなどで，表が見やすくなるように工夫する。
例）社内の予定は○，社外の予定は●など。

◆年間スケジュール表

×1年度　年間予定表
自×1年4月1日　至×2年3月31日

		4月		5月		6月		7月		8月		9月
日	曜	予定	曜	予定	曜	予定	曜	予定	曜	予定	曜	予定
1	火	入社式●	木		日		火		金		月	
2	水		金		月		水		土		火	
3	木	各課長会議○	土		火		木	営業報告会○	日		水	
4	金		日		水		金		月		木	
5	土		月		木		土		火	創立記念日	金	
6	日		火		金		日		水		土	新製品展示会
7	月		水		土		月	管理職会議○	木		日	
8	火	新入社員研修	木		日		火	営業戦略会議○	金		月	定例役員会○
9	水		金		月	定例役員会○	水		土		火	
10	木		土	新製品展示会●	火		木		日		水	
11	金		日		水		金		月	定例役員会○	木	
12	土		月	定例役員会○	木		土		火		金	
13	日		火		金	社員旅行●	日		水		土	
14	月	定例役員会○	水		土		月		木			

◆週間スケジュール表

××年　9月　第1週	作成日 ××年　8月29日													
日	曜	8 9 10 11 12 13 14 15 16 17 18 19												備考
1	月	課会議												
2	火	展示会社内打合せ												
3	水	A社小林部長と面会												
4	木	新製品社内研修												
5	金	商品部 田中氏と打合せ　　B社山田課長と面会												
6	土	新製品展示会（幕張）												
7	日													
特記事項														

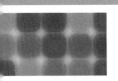

（1）　上司への報告について，次のなかから<u>適切でないもの</u>を一つ選びなさい。

　　ア．社外から緊急の報告を入れるときは電話で簡潔に伝え，帰社してから詳細を報告する。

　　イ．口頭では説明しにくい内容については，見やすい資料やデータなどを添えて報告する。

　　ウ．仕事の日々の進捗状況は報告せず，すべての仕事が完了したときだけ報告する。

　　エ．５Ｗ３Ｈをふまえ，憶測や私見を入れることなく事実だけを簡潔に報告する。

〈第12回試験出題〉

（2）　上司との会話について，次のなかから最も適切なものを一つ選びなさい。

　　ア．前にも聞いたことがある内容の話を始めたら「その話は聞いたことがあります」と話を止める
　　　　とよい。

　　イ．話している内容がある程度わかってきたら「つまりこういうことですね」と話をまとめるとよ
　　　　い。

　　ウ．話の内容が理解できないときは，首を振るなどして上司に気づいてもらえるような態度をとる
　　　　とよい。

　　エ．話の切れ目には「はい」「そうですね」などと肯定的なあいづちを打つとよい。

〈第11回試験出題〉

（3）　報告・連絡・相談について，次のなかから<u>適切でないもの</u>を一つ選びなさい。

　　ア．上司に業務の報告をするときは，自分の解釈や意見を交えて説明し，最後に結論を述べる。

　　イ．業務の進行状況が悪いときほど早めに上司に報告し，対策を立てる。

　　ウ．連絡を受けたら自分一人の情報とせず，必要とする人や部署を適切に判断して共有する。

　　エ．自分では手に負えないことや心配事があるときは，一人で悩まずに先輩や上司に相談する。

〈第11回試験出題〉

（4）　Ａさんは，部下のＢさんが以前に注意した誤りを繰り返したので，再度注意することにした。
　　両者が不快な気持ちにならないようなＡさんの言葉として，次のなかから最も適切なものを一つ
　　選びなさい。

　　ア．「慣れるまで大変だと思うけど，もうちょっと気をつけた方がいいと思うよ」

　　イ．「君のミスで取引先にまた迷惑をかけたぞ。二度と間違うな」

　　ウ．「なぜ間違うのかな。今度間違えたら，もうこの仕事はさせないからね」

　　エ．「この部分が間違っているね。どうすれば間違わずにできるか，今度一緒に考えてみよう」

〈第7回試験出題〉

（5）　スケジュールの管理について，次のなかから<u>適切でないもの</u>を一つ選びなさい。

　　ア．時間のかかる仕事から先に取り組み，すぐにできる仕事は余裕があるときに行う。

　　イ．始業前に一日の予定を確認し，段取りを決めてから仕事に取りかかる。

　　ウ．計画を立てるときは，ある仕事に遅れがでても全体として期限に間に合うよう，ゆとりを持っ
　　　　た時間配分にする。

　　エ．頼まれた順番や期限よりも，自分の得意なことを優先して仕事に取りかかる。

〈第11回試験出題〉

3 仕事に対する心がまえ

1 社会人として望ましい心がまえとルール

◧ 自己管理

▶1 健康管理

社会人として第一に求められることは，自己の健康を維持し，常に心身ともに万全な態勢で仕事に臨むことである。健康管理も仕事のうちであり，体調不良で欠勤したり，ミスをしたりすれば，自分の仕事が進まないだけでなく，他の人に迷惑がかかるということを忘れてはならない。

▶2 時間管理

限られた時間のなかで仕事の成果を出すためには，時間を守ることも大切である❶。「5分前行動」を心掛けて約束の時間や期限を守ることはもちろん，スケジュールを立て，計画的に仕事を進めていくことも大切である。

◆健康管理

具合が悪いな…

行って参ります

❶ 電車の遅延時などは，できるだけ早く会社に連絡し，状況を伝える。遅延証明書があれば遅刻してよいというわけではない。

◪ 法令や就業規則，慣習を守る

会社も個人も法令に違反したり，法令違反を見て見ぬふりをすることは許されない。社内にはふつう**法令遵守**❷のためのしくみや組織があるが，個人としての倫理観がなければ法令違反は防げない。上司や同僚が違反行為をしているときも，毅然とした態度で対処することが大切である。また，法令とは別に社内には**就業規則**や会社独自の慣習がある。重大な規則違反は解雇になることもあり，社内の慣習を守らないことは会社の人間関係にも影響を与えるということを忘れてはならない。

❷ 企業が法律などの規則を守ることをいう。また，企業の社会的責任から，社会全体の利益を追求する姿勢も含めて**コンプライアンス**という用語が使われることもある。

◨ 公私混同をしない

社会人として公の立場で仕事をしているときに，私用電話やメールをすることは許されない。また，社内の備品や消耗品を私的に使用したり，部下や取引先に私的な要求をすることも慎まなければならない。

❸ 職場で離席をする際は，資料を裏返すか，引き出しにしまう。また，パソコンにはロックをかけるようにする。

◫ 機密を保持する

仕事に関する情報は，外部に漏れることがないよう，公の場では話したり，資料を見たりしないように心がける❸。当然のことだが，仕事で知り得た個人情報や会社にとって大切な情報について家族に話すことや，個人のSNSなどで漏らすことがあってはならない。

◆公私混同をしない

たくさんあるし，自宅用に少しもらおう。

◆機密を保持する

あの商品は素材に〇〇を使うつもりです。

そうか，〇〇を使うんだな。

ライバル会社の社員

2 チームの一員として働く心がまえ

1 それぞれの立場や価値観を尊重する

　会社では，年齢や価値観，国籍，性別，障がいの有無などが異なる，多様な人が一緒に働いている。また，同じチームで働く人の中には**正社員**だけでなく，**契約社員**や**派遣社員**の人，育児のための時間休暇をとっている人がいることもある。このようにさまざまな人々がいる多様な状況を**ダイバーシティ**という。

　ダイバーシティの状況では，お互いの価値観や立場を尊重するように心掛け，できるだけ自分から積極的に接することが大切である。特に年長者へは敬意を払い，さまざまなことを学ぼうとする姿勢を持つとよい。

2 周囲への気配りを大切にする

　チームの一員として働くということは，自分の言動が周囲へ影響を与えるということである。例えば，取引先に対する自分の態度が悪ければ，会社全体への印象を悪くする。従業員といえども，会社を代表しているという気構えが必要である。

　また，自分が会社を休めば，その分の仕事を誰かがフォローすることになる。休暇は労働者の権利だが，自分の都合だけを考えるのではなく，繁忙期を避けたり，早めに休暇の届け出を出したりするように心がける。そして，後日出社した際には，自分の仕事をフォローしてくれた職場の人たちに，「ありがとうございました」「ご迷惑をかけました」といった感謝や謝罪の言葉を伝えるなどの，周囲への配慮が大切である。また，仕事中に席をはずすときは，いつ戻るのかがわかるように行き先や用件，終了予定時刻などを告げるようにし，席に戻った時は周囲に声がけをする。

3 同僚や上司との付き合い方

　同僚や上司は，仕事を成功させるために，お互いに助け合う大切な存在である。助けが必要な時は素直に認め，助けてもらう姿勢や指示を仰ぐことが求められる。時には終業後のプライベートな時間に食事などをして親睦を深めることもある。しかし，仕事の愚痴を聞かされたり，プライベートに必要以上に踏み込まれたりすることを嫌がる人もいる。相手の気持ちを尊重して，うまく距離感をとって付き合うことが大切である。

4 懇親会・社内行事

　会社では，お花見や暑気払い，忘年会や新年会などの親睦会や歓送迎会，社内旅行といった親睦行事がある。

　親睦行事では，上司や先輩の経験談が聞けたり，仕事中には見えない同僚の一面を知ったりすることができる。相手をよく知ることは，人間関係をより円滑にするために大切である。

◆職場ではさまざまな立場の人が働く

高齢者　アルバイト　外国人　派遣社員　契約社員　障がい者

◆気配りの一言を忘れない

お先に失礼します。

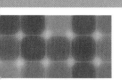

（1）　社会人としての心構えについて，次のなかから最も適切なものを一つ選びなさい。

　ア．社員が慣習として勤務時間前に清掃活動を行っている場合でも，就業規則に明文化されていなければ，特に参加する必要はない。

　イ．社内に不用な備品や消耗品があっても，自分の判断で勝手に社外に持ち出してはならない。

　ウ．得意先への訪問は，相手の準備時間を考慮して，約束の時間より5分程度経ってから到着するようにする。

　エ．就業時間内であっても休憩時間であれば，社内の電話で私的な連絡をとっても構わない。

〈第11回試験出題〉

（2）　社会人のマナーとして，次のなかから適切でないものを一つ選びなさい。

　ア．職場では自分の役割を自覚し，周囲と協調して任された仕事に取り組む。

　イ．指示を待つのではなく，主体的に全力で業務にあたる姿勢が大切である。

　ウ．上司や先輩には敬意を払い，指導・助言は積極的に受ける。

　エ．新入社員のうちは業務に慣れていないので，多少のミスをしてもよいと考えて行動するとよい。

（3）　職場のルールについて，次のなかから最も適切なものを一つ選びなさい。

　ア．法令遵守（じゅんしゅ）は大切であり，同僚やたとえそれが上司であっても，違反行為をしている場合は，毅（き）然（ぜん）とした態度で対処するべきである。

　イ．違反行為へは，社内の組織で対処し，個人では対処しないほうがよい。

　ウ．社内の慣習は法律ではないので，特に守る必要はない。

　エ．コンプライアンスとは，企業が利益を追求する姿勢のことだけを指す用語である。

（4）　勤務時間中の態度として，次のなかから最も適切なものを一つ選びなさい。

　ア．社内の備品や消耗（しょうもう）品を私用で使う場合は，使い終わって不要になったら，必ず返却する。

　イ．やむを得ず私用で外出するときは，周囲の人に私用とわからないようにする。

　ウ．私用電話やメールは，自分の携帯電話を使うのなら勤務時間中でもかまわない。

　エ．席をはずすときは，行き先と戻る時間を周囲の人に伝えておく。

（5）　職場の人間関係について，次のなかから適切でないものを一つ選びなさい。

　ア．会社では年齢や価値観などが異なる多様な人と一緒に働いている。特定の人とだけ接するのではなく，多くの人と接して様々なことを学ぼうとする姿勢が大切である。

　イ．それぞれに仕事の役割があるので，周囲が進めている仕事に関心を持ったり手伝ったりせず，自分に与えられた仕事だけに集中すべきである。

　ウ．「おはようございます」「ありがとうございます」など，あいさつは心をこめて自分から積極的に行う。

　エ．社内の人とのコミュニケーションを深めて良好な人間関係を築くため，懇親会や親睦会に参加し多くの人と交流を深めるようにするとよい。

〈第12回試験出題〉

4 人的ネットワークの構築

1 社内の人的ネットワーク

　仕事を円滑に進めるためには，ともに働く人と良好な人間関係をつくり，**人的ネットワーク**をひろげていくことが大切である。同じ会社の社員でも，取り組む仕事が違えば知識や発想，仕事の進め方も異なるため，人間関係をひろげることで学ぶことは多い。

◆社員食堂での交流

デザイン会社を探しているのですが，いい会社を知りませんか。

うちの部署で去年頼んだ会社のデザインがよかったよ。

2 社外の人的ネットワーク

　社外の人にとっては，実際に接している相手の印象が会社の印象になる。そのため，自分が会社を代表しているという意識を持ち，横柄な態度をとったり，いい加減な態度をとったりせず，誠実に応対するよう心掛ける。仕事を通して得られた信頼は，次の仕事へつながるため，一つの仕事が終わっても折々の挨拶などを欠かさずにするとよい。

　また，SNSやシェアオフィスなどの利用や副業を通して，積極的に社外の人と交流し，人的ネットワークをひろげることもある。

◆折々の挨拶を怠らない

実教商事の玉木さんにはお世話になったな。今度の案件でも声をかけてみるか。

謹賀新年

3 顧客との信頼関係の重要性

　顧客との人的ネットワークを築くことも大切である。顧客が商品を購入した際に感じる**顧客満足度**を高めるためには，商品やサービス自体の良さも大切だが，顧客との間に生まれる信頼関係も大きく影響するからである。販売員の応対などにより顧客が大切にされていると感じることができれば，**顧客ロイヤルティ**は高まり，商品やサービスの再購入などにつながる。顧客ロイヤルティとは，顧客が商品やサービス，ブランドや会社などに対して感じる信頼や愛着のことである。

　顧客ロイヤルティを高め，会社や商品のファンになってもらうための施策のことを**CRM**（Customer Relationship Management）という。CRMは，例えば購入履歴などを参考に商品を勧めるなど，顧客本位に一人ひとりが求めるものを提供することなどである。以前からCRMは行われていたが，情報技術の発展により，より膨大な量の顧客データを蓄積，分析することが可能となり，企業規模の大小にかかわらず，顧客に寄り添う活動ができるようになっている。

◆交流会への参加

異業種ランチ交流会
○○社△△さんが講師
Webマーケティング
について語り合おう！
日時：○月○日○時
場所：××
会費：￥○○○
参加申し込み

ほかの人は Webマーケティングについて，どんな意見をもっているのだろう。

◆顧客との信頼関係の構築

先日お求めいただいたジャケットにも合うシャツが入荷しましたので，ぜひお試しください。

覚えていてくれたんだ！

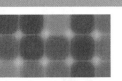

練習問題⑮

4節　人的ネットワークの構築（p.66）

（1）　人的ネットワークについて，次のなかから<u>適切でないもの</u>を一つ選びなさい。

ア．こちらが有利な立場にある仕入先に対して，一方的な要求や横柄な態度をとってはならない。お互いに持ちつ持たれつの関係を築くとよい。

イ．顧客目線の意見や発想を得ることもあるので，仕事とは直接関係のない友人や趣味を通じて知り合った人との関係も大切にするとよい。

ウ．社内では得られない新たなビジネスチャンスに繋がることもあるので，展示会や見本市などの社外イベントには積極的に参加し，多くの人と交流したほうがよい。

エ．社内で人脈を広げると，派閥に組み入れられたりねたまれたりして，かえって仕事がしづらくなるので，社員同士のつきあいは最小限でよい。　　　　　　　　　〈第11回試験出題〉

（2）　人的ネットワークをひろげる態度として，次のなかから最も適切なものを一つ選びなさい。

ア．自分の立場が強い場合は，仕事を円滑に進めるため，少し強い態度で接した方がよい。

イ．社外の人と接する場合は，会社という看板や会社の信用があるため，個人としての態度はあまり会社の印象に影響しない。

ウ．副業をすることで自分の視野をひろげたり，ネットワークをひろげたりすることができるが，本業をおろそかにしていると思われるので，会社には内緒で行うとよい。

エ．社外の人と仕事を通して得られた信頼関係を維持するために，一つの仕事が終わっても折々の挨拶などをして，関係を継続するようにするとよい。

（3）　CRMの例として，次のなかから最も適切なものを一つ選びなさい。

ア．バーゲンセールについて，新聞の折り込みチラシなどで告知する。

イ．ポイントカードを作成してもらい，来店ごとにスタンプを押す。

ウ．購入履歴から，お勧めの新商品を顧客に合わせて提案する。

エ．購入額に応じて，顧客に対する店頭での態度に差をつける。

（4）　人的ネットワークに関する用語について，次のなかから<u>適切でないもの</u>を一つ選びなさい。

ア．顧客満足度とは，顧客が商品を購入したときに感じる満足感のことである。

イ．顧客ロイヤルティとは，顧客が商品やサービス，ブランドなどに対して感じる信頼や愛着のことである。

ウ．シェアオフィスとは，企業内で席を固定せず，好きな場所で仕事をするものである。

エ．CRMとは，顧客ロイヤルティを高め，会社や商品のファンになってもらう施策のことである。

（5）　CRMの例として，次のなかから<u>適切でないもの</u>を一つ選びなさい。

ア．ダイレクトメールを送る際に，お客に合わせ手書きのコメントを入れる。

イ．ポイントカードの情報から，ポイントに応じて割引率を変更する。

ウ．来店客に対して，飲み物や食品などの試食を勧める。

エ．購入履歴に合わせて，メールで新商品の情報をお知らせする。

4節　人的ネットワークの構築　**67**

5 コミュニケーションの役割と思考方法

■1 コミュニケーションの役割と種類　■2 ビジネスコミュニケーションの基本
■3 ビジネスにおける思考方法　■4 ディベート

1 コミュニケーションの役割と種類

1 コミュニケーションの役割

　仕事を円滑に進めるためには，職場での人間関係を良好に保つためのコミュニケーションが最も大切である。
　コミュニケーションは情報・意味・感情をたがいに共有することで成立するが，人と人とのコミュニケーションでは，いつも同じ結果がでるとは限らない。好感を持たれるには，感情を伝える表情や態度も大切である。

2 コミュニケーションの種類

■1 直接的・間接的コミュニケーション………………………………

▶1 直接的コミュニケーション
　直接的コミュニケーションとは，人と人とが直接会って行うコミュニケーションのことである。上司からの命令や上司への報告，会議などのほか，受付応対，販売活動などがある。

▶2 間接的コミュニケーション
　間接的コミュニケーションとは，印刷物，電子メールやWebページ，テレビなどのメディアを通じたコミュニケーションのことである。手紙や電子メールなどは特定の個人を対象とし，Webページやテレビを利用した広告などは，不特定多数を対象としている。

■2 言語・非言語コミュニケーション………………………………

▶1 言語によるコミュニケーション
　言語によるコミュニケーション[2]とは，会話や印刷物，電子メールなどを用いて行われるコミュニケーションのことである。

▶2 非言語コミュニケーション
　非言語コミュニケーション[3]とは，身ぶりや手ぶりなどのジェスチャー，表情や態度などによって行われるコミュニケーションのことである。

■3 フォーマル・インフォーマルコミュニケーション………………

▶1 フォーマルコミュニケーション
　フォーマルコミュニケーションとは，会議や打ち合わせ，プレゼンテーションなど，公式な場面で行われるコミュニケーションのことである。

▶2 インフォーマルコミュニケーション
　インフォーマルコミュニケーションとは，休憩時の会話や親睦会での会話など，非公式な場面で行われるコミュニケーションのことである。

◆表情や態度に注意を払う

✕ 心がこもっていない挨拶

「お先に･･･」

○ きちんと相手の顔を見て挨拶

「お先に失礼します。」

❶　電子メールは，受信者へ個別に直接配信するためプッシュ型と呼ばれ，Webページは，受信者みずからがWebページにアクセスすることからプル型のメディアと呼ばれる。

❷　バーバルコミュニケーションとも呼ばれる。

❸　ノンバーバルコミュニケーションとも呼ばれる。

② ビジネスコミュニケーションの基本

① コミュニケーションの場面

　ビジネスにおけるコミュニケーションには，社内で行われるものと，社外で行われるものがある。社内のコミュニケーションは，上司との面談や会議，企画提案のプレゼンテーションなどの場面で行われる。社外のコミュニケーションは，売買の交渉や取引先に向けたプレゼンテーション，店頭販売，苦情対応などの場面で行われる。

◆コミュニケーションの場面

●上司との面談

●会議

●社内プレゼンテーション

●売買の交渉

●店頭販売

●苦情対応

② ビジネスコミュニケーションの心得

　ビジネスにおけるコミュニケーションは，相手の考えを迅速に理解したうえで思考し，思考の結果を踏まえて，自分の考えを上手に伝える工夫を行うとよい。さらに，より良い人間関係を構築するためには，相手を尊重しながら，自分の意見をしっかりと伝えることも重要である❶。これらに加えて，ビジネスの場面では次のような点に注意すると効果的である。

■1 事前準備をおこたらない・・・・・・・・・・・・・・・・・・・・・・・・・・・・・・・・・
　販売業務においては，事前に商品知識を身につける必要がある。会議や交渉，プレゼンテーションの場面では，知識を身につけるだけでなく，事前に資料を収集，整理，分析し，必要に応じて配付資料などを用意する。

■2 短く簡潔に話す・・
　ビジネスの場面では，時間は1秒たりとも無駄にできない。用件はポイントをしぼり，簡潔な言葉で話すように心がける。

■3 質問，確認を恐れない・・・・・・・・・・・・・・・・・・・・・・・・・・・・・・・・・・・
　相手の話をすべて理解できるとは限らない。後々困ったことにならないように，わからないことは正直に質問し，確認する。

■4 論理的な思考，考え方で話す・・・・・・・・・・・・・・・・・・・・・・・・・・・・
　論理的な思考，考え方には，**ロジカルシンキング**（論理的思考）や**クリティカルシンキング**（批判的思考）などがある❷。ビジネスにおいては，論理的な思考や考え方を活用してコミュニケーションをとり，相手を説得し，納得してもらうことが重要である。

❶　より良い人間関係を構築するために，相手を尊重しながら，自分の意見をしっかりと伝えるコミュニケーションの方法を**アサーション**という。

◆ビジネスコミュニケーションの心得

さっそくですが，
○○の件について
説明させて
いただきます。

ビジネスの場面では時間を無駄にしないよう，伝えたいことを簡潔な言葉で話す。

❷　固定観念や既成概念を取り払い，独創的な発想や新しいアイデアを導き出す思考方法は，**ラテラルシンキング**（水平的思考）と呼ばれる。

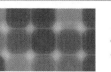

練習問題⑯

1節　コミュニケーションの役割と種類（p.67）
2節　ビジネスコミュニケーションの基本（p.68）

（1）職場でのコミュニケーションについて，次のなかから最も適切なものを一つ選びなさい。

　ア．休暇や育児休業をとる場合は，上司に相談し，早めに届けを出したり，同僚に理解してもらうなどの気配りをしたほうがよい。

　イ．懇親会や親睦行事は勤務時間外のことなので，上司に対しても対等に接してよい。

　ウ．上司への報告は，メールで行えば口頭で行う必要はない。

　エ．仕事で対応に迷ったときでも上司や先輩は忙しいので，自分で判断しなくてはいけない。

〈第6回試験出題〉

（2）職場でのコミュニケーションについて，次のなかから最も適切なものを一つ選びなさい。

　ア．各自の職務をこなすだけでなく，チームで信頼関係を築くことを大切にする。

　イ．仕事を離れたら，職場での上下関係などは気にせず，対等に接するほうがよい。

　ウ．相手の年齢や立場にしばられることなく，メンバー同士で対等にふるまう。

　エ．席をはずす時間が短いときは，周囲の人に行き先を告げなくてもよい。

（3）コミュニケーションの役割と種類について，次のなかから適切でないものを一つ選びなさい。

　ア．直接的コミュニケーションは，人と人とが直接会って行うものである。

　イ．バーバルコミュニケーションは，会話や印刷物，電子メールなどで行われる。

　ウ．ノンバーバルコミュニケーションは，身ぶりや手ぶりなどのジェスチャー，表情や態度などによって行われる。

　エ．フォーマルコミュニケーションは，休憩時や親睦会での会話などのことである。

（4）大切な用事があり，帰ろうとしたときに上司から急な仕事を頼まれた。自分も上司も不快な気持ちにならない対応（アサーション）として，次のなかから最も適切なものを一つ選びなさい。

　ア．「今日はこれから予定があるので絶対に無理です」と言い，はっきりと断る。

　イ．「そうですか…。わかりました」と言い，我慢して引き受ける。

　ウ．「今日はこれから大切な用事があって難しいので，明日早く出勤します。よろしいでしょうか」と言い，断る。

　エ．「いいですけど，事前に言ってもらえないと困りますね」と言い，仕方なく引き受ける。

〈第5回試験出題〉

（5）ビジネスコミュニケーションの心得について，次のなかから適切でないものを一つ選びなさい。

　ア．販売業務においては，事前に商品知識を身につける必要はない。

　イ．用件はポイントをしぼり，簡潔な言葉で話すように心がける。

　ウ．わからないことは正直に質問し，確認する。

　エ．論理的な思考や考え方を活用して相手を説得し，納得してもらう。

3 ビジネスにおける思考方法

1 論理的な考え方

1 演繹法

演繹法❶は，大原則や法則などを前提として個別的な結論を導く方法で，いわゆる**三段論法**❷も演繹法である。

演繹法の特徴は，前提が正しければ必ず結果が正しくなることである。そのため，前提となる原則などに関する正確な知識が必要となる。

◆演繹法

●大前提

すべてのカナリアは歌う。

●小前提

A

A はカナリアである。ゆえに…

●結論

A

A は歌う。

ビジネスにおいては，社会の動きや流行などから一定の法則を見つけ出し，自社の販売戦略や商品開発に結びつけるなど，演繹法を使って相手を説得し，納得してもらうことが重要である。

◆ビジネスでの演繹法の活用例

●大前提

猛暑ならアイスが売れる。

●小前提

向こう3ヶ月の気温

今年の夏は猛暑になる。ゆえに…

●結論

アイス増産の準備をしましょう。

今年の夏はアイスが売れる。

2 帰納法

帰納法❸は，さまざまな事実や事例などの個別的なデータから仮説を立て，結論を導く方法である。

帰納法の特徴は，観察・収集したデータから傾向を導くので，一定以上のサンプルや事例の量が必要となることである。❹

◆帰納法

●事例1

カナリア A

カナリア A が歌った。

●事例2

カナリア B

カナリア B も歌った。

●結論

だから，すべてのカナリアも歌うだろう。

ビジネスにおいては，マーケティングにおけるアンケート結果など，数多くのデータから仮説を立て，提案できそうな結論を示して相手を説得し，納得してもらう場合に帰納法が適している。

❶ 演繹法は，数学者であるフランスのルネ・デカルトによって提唱された合理論である。

❷ 三段論法は，大前提，小前提の二つの前提から一つの結論を導く方法である。

❸ 帰納法は，哲学者であるイギリスのフランシス・ベーコンによって提唱された経験論である。

❹ すべてのサンプルや事例を扱うことはできないので，その導き出された推論の結果が必ずしも正しいとは限らない。また，演繹法の前提となる原則や法則などを見つけ出すときには，帰納法が役立つことが多い。

◆ビジネスでの帰納法の活用例

●事例1

化粧品メーカーのA社は健康食品市場で利益を上げています。

●事例2

化粧品メーカーのB社も健康食品市場で利益を上げています。

●結論

だから，化粧品メーカーの我が社も健康食品市場に参入したら利益が上がるだろう。

3 MECE

　物事や論理を整理するとき，ある部分が重複していたり，逆に抜けてしまったりすることはよくある。この重なりや漏れをできる限りおさえるための基本的な考え方にMECEがある。MECEは，「相互に重複することなく，全体として要素に漏れがない」という意味である。

　またビジネスでは，時に社会的課題の解決が求められる。そのような複雑で大きな課題を，よりシンプルで小さな要因に細分化できれば，その要因ごとに解決策を検討することが可能となる。これを構造化といい，この構造化を行ううえで最適な切り分けもMECEで行うことができる。

◆MECEによる構造化

●分類が重複し，漏れ（海外旅行）がある

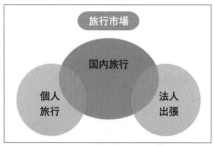

●重複なし，漏れなし

旅行市場	
個人で国内旅行	個人で海外旅行
法人で国内出張	法人で海外出張

2 フレームワーク

　フレームワークとは，物事を考え整理するうえでの枠組みのことである。ビジネスにおいては，数多くのフレームワークがあり，目的に応じて使い分けることが重要である。❶

❶　この項で紹介するフレームワークで，MECEを実現することが可能となる場合が多い。

1 ポジショニング・マップ

　その市場における自社の事業やサービスの位置づけのことをポジションという。ポジショニング・マップは，市場を分析し，競合他社に対して差別化ができるように，自社の事業やサービスを位置づけるために活用するフレームワークである。

　ポジショニング・マップでは，顧客が事業やサービスを認識し，判断する際の要因を二つの軸に設定し，競合他社の情報を書き出して整理する。そのうえで，他社と極力重ならずに差別化できそうな位置を探し出すことが重要となる。

◆ポジショニング・マップ

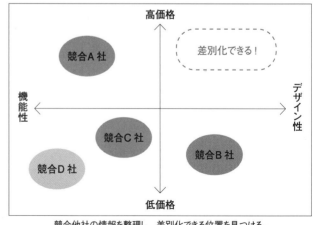

競合他社の情報を整理し，差別化できる位置を見つける。

2 SWOT分析 ···

SWOT分析[1]は，自社の存続に影響をおよぼす各種の要因を，自社を取り巻く**外部環境**と自社の**内部環境**の双方から整理するためのフレームワークである。

内部環境とは，その組織あるいは個人が有する内部要因であり，**強み・弱み**と呼ばれる。一方，外部環境とは，その組織あるいは個人を取り巻く外部要因であり，**機会・脅威**と呼ばれる。

SWOT分析は現状の把握だけでなく，各種の要因を強み，弱み，機会，脅威に分類したうえで，戦略の構築や目標の設定などを検討できるため，将来にわたって役立つ，極めて有効な分析手法である。

❶ SWOT分析は，アメリカのアルバート・ハンフリーが構築した分析方法である。

◆家電メーカーにおけるSWOT分析の記入例

		プラス面	マイナス面
内部環境		●**強み** ・ブランド力による知名度の高さ ・全国チェーンの販売網 ・長期安心の補償制度 <div align=right>S</div>	●**弱み** ・高価格な商品の割合が多い ・携帯性のある商品が少ない ・工場の稼働率が低い <div align=right>W</div>
外部環境		●**機会** ・巣ごもりによる買い替え需要 ・テレワークでの必需品 ・国産ブランドへの回帰 <div align=right>O</div>	●**脅威** ・東南アジアメーカーなどの安価な商品の台頭 ・感染症の影響による物流の停滞 <div align=right>T</div>

それぞれの状況を記入する。

3 PPM（プロダクト・ポートフォリオ・マネジメント）·······················

PPMは，複数の独立した事業（商品やサービス）を持つ企業が，どの事業に集中し，集中すべき事業にどのように資源を割り当てるかを検討するためのフレームワークである。事業を分類するにあたり，**市場成長率**[2]と**市場シェア**[3]の二つの軸を用いて四つの領域を設け，個々の事業を，**問題児，花形，金のなる木，負け犬**に分類する。

▶1 問題児

市場シェアが低く，儲けも少ない。市場成長率は高いため，赤字であっても「花形」に成長するよう投資を増やして市場シェアの拡大をねらう。

▶2 花形

市場成長率が高いため，必要な投資が多いが，市場シェアが高いため，投資にあてる資金を自ら稼ぐことができる。現在の市場シェアを維持するか，投資を増やしてシェアを拡大する。

▶3 金のなる木

市場成長率は低いため，必要な投資は少ない。その一方で市場シェアが高いので，儲けが多い。儲けを維持し，それを他の事業に振り分けるなど，企業の延命策を講じることもできる。

▶4 負け犬

市場成長率や市場シェアが低く，儲けも少ない。縮小・撤退を検討する。

❷ 市場成長率は，ある市場の市場規模を，その前年の市場規模で割って算出する。その数字が1以上であれば，市場が成長していることになる。

❸ 市場占有率ともいい，ある市場の総売上高に対する個々の企業の商品が占める割合のことである。

◆PPM（プロダクト・ポートフォリオ・マネジメント）

●市場成長率と市場シェアで四つの領域を作る

●自社の事業を当てはめて分析する

3節 ビジネスにおける思考方法 **73**

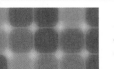
（1）　論理的な考え方について，次のなかから<u>適切でないもの</u>を一つ選びなさい。

　ア．演繹法は，大原則や法則などを前提として個別的な結論を導く方法である。

　イ．演繹法の特徴は，前提が正しければ必ず結果が正しくなることである。

　ウ．帰納法は，さまざまな事実や事例などの個別的なデータから仮説を立て，結論を導く方法である。

　エ．帰納法の特徴は，観察・収集したデータから傾向を導くので，サンプルや事例の量は少なくてもかまわないことである。

（2）　MECEについて，次のなかから<u>適切でないもの</u>を一つ選びなさい。

　ア．物事や論理を整理するとき，重なりや漏れをできる限りおさえるための基本的な考え方にMECEがある。

　イ．MECEは，「相互に重複することなく，全体として要素に漏れがない」という意味である。

　ウ．複雑で大きな課題を，よりシンプルで小さな要因に細分化することを構造化という。

　エ．構造化を行ううえで最適な切り分けをMECEで行うことはできない。

（3）　フレームワークについて，次のなかから<u>適切でないもの</u>を一つ選びなさい。

　ア．フレームワークとは，物事を考えるうえでの枠組みのことである。

　イ．ビジネスにおいては，数多くのフレームワークがあり，特定のフレームワークを利用することが重要である。

　ウ．その市場における自社の事業やサービスの位置づけのことをポジションという。

　エ．ポジショニング・マップは，市場を分析し，競合他社に対して差別化ができるように，自社の事業やサービスを位置づけるために活用するフレームワークである。

（4）　SWOT分析について，次のなかから最も適切なものを一つ選びなさい。

　ア．SWOT分析は，自社の存続に影響をおよぼすさまざまな要因を，自社を取り巻く外部環境と自社の内部環境のどちらかで整理するためのフレームワークである。

　イ．内部環境とは，その組織あるいは個人が有する内部要因で，機会・脅威である。

　ウ．外部環境とは，その組織あるいは個人を取り巻く外部要因で，強み・弱みである。

　エ．SWOT分析は現状の把握だけでなく，将来にわたって役立つ，極めて有効な分析手法である。

（5）　PPM（プロダクト ポートフォリオ マネジメント）における「金のなる木」の領域にある事業について，次のなかから最も適切なものを一つ選びなさい。

　ア．利益が少ないか赤字なので，早期に撤退するか投資を増やして占有率を高めるかの選択をする。

　イ．将来性は低いが安定した利益を見込める。

　ウ．利益が少なく将来性も低いため，縮小するか撤退するかを検討する。

　エ．成長率が高いので，さらに占有率を高めるため今後より一層の投資を増やす。

〈第11回試験出題〉

4 ディベート

1 ディベートの方法

　ディベートとは，特定の論題について肯定側と否定側に分かれて意見を言い合い，論理的な優劣を競うゲームである。

1 肯定側・否定側と審判団の編成

　3〜6人の肯定側と否定側のディベーター[1]，審判団（ジャッジ）を編成する。肯定側と否定側は向き合って座り，審判団は中央にかまえる。

2 論題の決定と事前準備

　論題が決まったら，ディベーターは肯定・否定のそれぞれの立場から論題に関連する資料を集め，意見交換をし，主張内容を吟味，準備する。

3 ディベートにおける注意点

　ディベートは，自分の個人的な意見を訴える場ではなく，与えられた立場の妥当性を証明し合うゲームである。論題によっては，「自分はこの論題にはどうしても賛成（反対）できない」という場合もあるが，逆の立場から論題を見つめなおし，それぞれの立場から客観的に論題を検証することで，自分の視野をひろげたり，論理性を身につけたりすることができる。

4 ディベートの流れと各パート

　肯定側の立論からはじめ，否定側の尋問，立論と続いていく。途中，作戦タイムをとってもよい。また，反駁をそれぞれ1回にするなど，時間を短縮して行うこともできる。なお，肯定側・否定側ともにあらかじめ決められた時間を守り，平等に発言する。

5 各パートの意味

▶1 立論

　立論は，主張のたたき台となる考えを論拠とともに説明し，論点を明確にするパートである。その内容は主に哲学，定義，現状分析，プラン，メリット・デメリットの五つであるが，すべてを言う必要はない。論題の種類に応じて構成すればよい。

▶2 尋問

　尋問は，相手の立論に対して質問し，立論で聞き取れなかったことや議論の争点を明確にすることを目的とする。また，質問によって相手の矛盾点を明らかにし，そのあとの展開を有利に進めるといった目的もある。尋問では，自分の意見を述べてはならないので注意する。

▶3 反駁

　ディベートは勝敗を競うゲームであるため，両論が並立することはない。そこで，相手の立論をささえる論拠を攻め，相手の論拠の欠陥を証明することが必要となる。それが反駁である。第二反駁では，相手の批判に反論しないと，その批判を受け入れたとみなされる。反駁で注意しなければならないのは，論理の一貫性である。立論で述べていない新しい議論まで展開してしまうと，減点の対象となる。

[1] ディベーターとは，ディベートで発言する人のことである。

◆ディベートの配置図

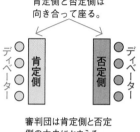

肯定側と否定側は
向き合って座る。

審判団は肯定側と否定側の中央にかまえる。

◆ディベートの流れと各パート

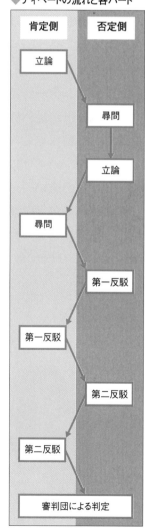

6 ディベートのルール

ディベートの主なルールには，これまで述べたものも含め，次のような
ものがある。ディベートを行う際には，事前に確認するとよい。
①時間を守る（決められた時間外に話したことは無効とする）。
②尋問では，答える側が質問してはいけない。
③反駁では，立論で出されていない論点を出してはいけない。
④相手をなじったり，人格を非難したりするような発言はしない。
⑤感情的になって怒ったり，泣いたりしてはいけない。
⑥事実でないことや想像の範囲のことは言ってはならない。

2 審判団による判定

ディベートでは，審判団が各パートの内容を整理し，肯定側・否定側の
どちらがより論理が一貫していたか，**立証責任**と**反証責任**を果たしたかを
判定し，勝敗を決める。審判団は，個人的な考えや感情を捨て，公平な立
場で，論理性に焦点をあてて判定しなければならない。

❶ 立証責任とは，自分た
ちの主張の正しさを論理的
に証明する責任のことであ
る。

❷ 反証責任とは，相手の
主張や批判の欠陥を証明す
る責任のことである。

❸判定のしかたの例
・相手の論拠に対し反駁で
きたか（プラス），でき
なかったか（マイナス）。
・相手に反駁されて，論拠
をくずされたか（マイナ
ス），くずされなかった
か（プラス）。

3 その他のビジネスコミュニケーションとの違い

ディベートと，その他のビジネスコミュニケーションでは次のような点
に違いがある。

1 ディスカッションとの違い

ディスカッションは，ディベートと同様に肯定側と否定側に分かれる場
合があるが，発言の機会は平等ではなく，勝敗がつかないという点がディ
ベートとは異なる。

2 プレゼンテーションとの違い

ディベートが論理性を重視するのに対し，**プレゼンテーション**は相手を
説得し，行動してもらうことを目的にしている。このため，相手に合わせ
て理解しやすいように説明することを重視する。

3 交渉との違い

ディベートが肯定側と否定側で勝敗をつけることを目的としているのに
対し，**交渉**は合意の形成を目的にしている。

◆ディベートにおける論題の例

二者の優劣（価値）を競うもの	例）私立大学は国立大学よりもすぐれている。
推理や予測の適否を競うもの	例）今年は○○が流行する。
政策的なテーマを競うもの	例）公共施設での喫煙は禁止すべきである。

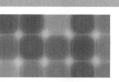
（1）　ディベートについて，次のなかから<u>適切でないもの</u>を一つ選びなさい。

ア．特定の議題について肯定側，否定側それぞれが相手の意見を尊重しながらも自分の意見を述べ，最終的には合意を形成することを目的としている。

イ．肯定側，否定側のディベーターと審判団の3つのグループで編成され，肯定側と否定側が向き合って座り，両者の間に審判団が座る。

ウ．肯定側の立論から始まり，否定側の尋問，立論と続いていくのが一般的な流れである。

エ．立論とは，議題を肯定する理由と否定する理由などを説明することである。

〈第11回試験出題〉

（2）　ディベートにおける注意点とその流れ，各パートについて，次のなかから<u>適切でないもの</u>を一つ選びなさい。

ア．ディベートは，自分の個人的な意見を訴える場ではなく，与えられた立場の妥当性を証明し合うゲームである。

イ．立論は，主張のたたき台となる考えを論拠とともに説明し，論点を明確にするパートである。

ウ．尋問は，相手の立論に対して質問し，相手の矛盾点を明らかにするパートである。

エ．反駁は，相手の立論をささえる論拠を攻め，相手の論拠の一貫性を証明するパートである。

（3）　ディベートのルールについて，次のなかから最も適切なものを一つ選びなさい。

ア．尋問では，答える側が質問してもいい。

イ．反駁では，立論で出されていない論点を出してはいけない。

ウ．感情的になって怒ってもいいが，泣いたりしてはいけない。

エ．事実でないことや想像の範囲のことを言ってもかまわない。

（4）　審判団による判定について，次のなかから<u>適切でないもの</u>を一つ選びなさい。

ア．審判団は，肯定側・否定側のどちらがより論理が一貫していたか，立証責任と反証責任を果たしたかを判定し，勝敗を決める。

イ．審判団は，個人的な考えや感情を持って，公平な立場で判定しなければならない。

ウ．立証責任とは，自分たちの主張の正しさを論理的に証明する責任のことである。

エ．反証責任とは，相手の主張や批判の欠陥を証明する責任のことである。

（5）　ディベートとその他のビジネスコミュニケーションとの違いについて，次のなかから<u>適切でないもの</u>を一つ選びなさい。

ア．ディベートは，相手に対するわかりやすさよりも論理性を重視する。

イ．ディスカッションは，肯定側と否定側に分かれる場合があるが，発言の機会は平等ではなく，勝敗がつかない。

ウ．プレゼンテーションは，相手に合わせて理解しやすいように説明することを重視する。

エ．交渉は，ディベートと同様に勝敗をつけることを目的にしている。

6 ビジネスにおけるコミュニケーション

1 ディスカッション **2** プレゼンテーション **3** 交渉 **4** 苦情対応
5 商品説明とワークショップ **6** ソーシャルメディアを活用した情報発信

1 ディスカッション

1 ディスカッションとその場面

ディスカッションとは討論のことであり，互いに意見を出し合ったりするようなコミュニケーションの方法である。会議の場や，課やグループ単位のミーティングや雑談の場面からディスカッションに発展することもある。結論を出すことを目的にしている場合もあれば，アイディアを出し合うことだけを目的にしている場合もある。

2 効果的なディスカッションの方法

1 論点を明確にし，議論を整理する‥‥‥‥‥‥‥‥‥‥‥‥‥‥

ビジネスの場合は，最初に目的や論点を明確にする。進行役を決めて，進行役は特定の人だけが発言することがないよう，全員が発言できる機会を設けるようにする。また，論点がずれていくようなら論点を整理し，論点や意見が明確になるように質問したり確認したりする。

2 他人の意見を聞き，感情的にならない‥‥‥‥‥‥‥‥‥‥‥‥

議論の場では，他の人の意見を最後までよく聞き，発言を尊重する姿勢を持つ。反対の立場であっても，相手の意見に同意できる点がないかを考えて聞く姿勢が大切である。また，自分の意見が批判されても，感情的にならず，冷静に反対意見を分析する。

3 意見は論理的に述べる‥‥‥‥‥‥‥‥‥‥‥‥‥‥‥‥‥‥‥‥

自分の意見を主張する時は，話し方の基本をふまえて，簡潔に論理的に話すことを心掛ける。また，反論する際には，相手の意見を尊重したうえで，どの部分に反対なのかを明確にし，論理的に意見を述べることが大切である。よい発言のポイントは次のとおりである。

> ・正しく…好き嫌いではなく，中身として本当のことを言う。
> ・わかりやすく…誰が聞いてもわかりやすい言葉で発言する。
> ・感じよく…相手の心を傷つけない，好感の持てる発言をする。

4 よい雰囲気をつくる‥‥‥‥‥‥‥‥‥‥‥‥‥‥‥‥‥‥‥‥‥

議論になれば，反対の意見が出るのも当然である。ただし，反対の意見を述べるときには，相手の立場を考えて，敬意を持った話し方をしたり，ユーモアを交えるなど，場の雰囲気をこわさず，人間関係にまで悪影響を与えないような気配りが必要である。

◆感情的にならない

> 私の意見に反対ばかりして…。
> あの人は嫌い！

◆意見は簡潔かつ明確に述べる

> ○○については賛成できますが，××については，△△にしたほうがいいと思います。

② プレゼンテーション

1 プレゼンテーションとその場面

　プレゼンテーションとは自分のアイディアや商品を理解し，受け入れてもらうための説明や発表のことである。社外であれば，**コンペ**での企画説明の場面や，新商品の発表のほか，接客販売などもプレゼンテーションの場面である。社内でも，上司に対しての企画提案などの場面でプレゼンテーションが行われる。

2 効果的なプレゼンテーションの方法

① 聞き手に合わせた内容にする

　プレゼンテーションを行う際には，聞き手の年代や立場，その人が属している組織や知識量，価値観に合わせた内容を考える必要がある。例えば，商品に対する知識量は，その分野が専門の人と一般の人とではまったく異なる。また，その件について決定権のある**キーパーソン**は誰かを見極め，その人に照準を合わせたプレゼンテーションをすることも大切である。

② 与えられた条件に合わせる

　プレゼンテーションを行う場所や時間など，条件に合わせた構成を考え，その場に合わせた**プレゼンテーションツール**を用いることが大切である。プロジェクターやパソコンなどを用いたり，商品の実物，紙やホワイトボード，写真などを使ったりして，目からの情報も含めたわかりやすい発表を心掛けたい。また，制限時間を超えることがないようにする。

③ 事前準備を入念に行う

　プレゼンテーションは，とりわけ，事前の準備や練習が大切である。なぜなら，質疑応答があるにせよ，まずは一方的に説明，発表を行うのがプレゼンテーションだからである。説明の順番をよく考え，どうしたら自分の説明に聞き手を惹きつけられるか，話し方や間のとり方，**アイコンタクトやジェスチャー**などにも気をつけて練習をする必要がある。ただし，プレゼンテーションツールは，あくまでも説明をわかりやすくするための道具であることを意識し，その準備だけに終始しないようにする。

④ 熱意で相手に行動を起こさせる

　プレゼンテーションは，相手に自分の意見や商品内容を理解してもらうだけでは十分ではない。ビジネスの場合には，理解し，受け入れてもらい，採用，購入という行動を起こしてもらってはじめて成功といえる。行動を起こしてもらうためには，熱意と真剣さが必要である。

⑤ 質疑応答は丁寧に

　プレゼンテーションの後には，質問を受けることになる。想定される質問には予め答えを用意しておく。予想外の質問で，どうしても答えられない場合は，正直にわからないことを伝えて謝罪し，すぐに調べて連絡するようにする。

❶　コンペティションの略である。ある件について複数の個人や企業が競い合って案を提出し，その中から，一つの案を選出し，採用する一連の作業のこと。

❷　配付資料や模造紙，写真，パソコンを使った画像，映像など，言語によるプレゼンテーションを視覚的に補助するものをいう。

❸　プレゼンテーションツールを用いる場合などは，伝えたい要点をまとめ，文章や表，グラフが詳細になりすぎないように，1枚1枚のスライドを作成するとよい。

◆効果的なアイコンタクト

発表者

発表者

会場が比較的大きな場合，会場全体を「Sの字」「Zの字」で少しずつ視線を動かして見回すと効果的である。

③ 交渉

１ 交渉とその場面

交渉とは，当事者同士が互いの主張を通すために話し合うことであり，話し合いを通して，一定の合意を形成するためのコミュニケーションの方法である。ビジネスの場面では，社内での意見調整や，取引先との商談なども交渉のひとつである。

２ 効果的な交渉

① 合意を目的とする

交渉とは，それぞれに要求を持つ者同士が，話し合いによって互いの要求をすり合わせ，互いが納得する結論を導き出す作業である。したがって，片方の主張を一方的に通したり，交渉が決裂しては意味がない。一人勝ちではなく，双方が納得できる結論を導くことが交渉では大切である。

② 対等な立場で相手を尊重する

交渉の場面では，互いが対等な立場とは限らない。商談では，売り手はどうしても買い手よりも立場が弱い。しかし，交渉をする際は対等に，互いの利害を守らなければならない。したがって，強い立場だから

◆交渉は対等な立場で行う

> 御社と契約することができ弊社も助かります。期待しています。

> ありがとうございます。ご期待に添えるようがんばります。

といって横柄な態度で自分の要求ばかりを通そうとしてはいけない。必要なことははっきりと主張できる雰囲気をつくるように努力する姿勢が大切である。ただし，「できない」ことを伝える場合も，相手の言い分にも理解を示したり，代わりにできる何かを提案したりするなど，誠意を見せることも忘れてはならない。

③ 相手と信頼関係を築く

交渉の場面では緊張を強いられることもあるが，相手のことをよく理解し，相手に合わせた話題（**キドニタチカケシ衣食住**など）を提供し，よい雰囲気をつくることが大切である。社内の先輩からの情報や，交渉相手との**雑談**の中から，趣味・し好，行動様式などをつかんでおくと，相手に合わせた話題を提供することができる。

④ 相手のニーズをつかむ

相手が必要としているものを提示しなければ，いくら交渉を重ねても結果に結び付かない。相手のニーズをつかみ，それに適した提案をすることや，ニーズを掘り起こすことが必要である。

◆キドニタチカケシ衣食住

キ	気候や季節
ド	道楽や趣味
ニ	ニュース
タ	旅
チ	知人
カ	家族
ケ	健康
シ	仕事
衣	衣服やファッション
食	食事や飲食，料理
住	住まい

3 交渉に効果的な話法

　交渉では，正しく，わかりやすく，感じよく話をすることが大切である。交渉に有効な話法には，以下の方法がある。

◼ 切り出し話法

　交渉の場だからといって，いきなり本題に入るということは少ない。天候や世間話など，別の話題から話を切り出す方法を**切り出し話法**という。相手の関心を引く適切な言葉が見つからない場合には，「ほめ言葉」で切り出してみる。内容は，その人自身や会社についてがよい。

◆切り出し話法の例

相手が興味・関心のある話

舞台がお好きだそうですね。いつでもチケットを手配いたしますよ。

相手の利益につながる話

このシステムを導入した企業様は，人件費を15%削減することができました。

相手が素直に受け入れやすい話

課長さんはいつも素敵なスーツをお召しですね。

ニュース・天気・季節・趣味の話

昨夜の雨はすごかったですね。ご自宅は大丈夫でしたか。

◼ 切り返し話法

　相手が何か尋ねてきたら，相手の質問に簡単に答え，逆に尋ね返すことによって，会話を相手中心に進める話し方を**切り返し話法**という。答えにくいことを尋ねられたら，答えをぼかしたり，相手の言葉を反復して，あたかも答えたようにあいまいにし，すぐに相手に尋ねかけるようにすることもできる。

◆切り返し話法の例

相手の質問に簡単に答えて，逆に尋ね返す

ご出身は？

私は山梨です。課長さんはどちらですか？

質問を反復して，すぐに相手に尋ねかける

君の会社は福利厚生がいいらしいね。

弊社の福利厚生ですか。それより，御社の新製品が大評判ですね。お話を聞かせてください。

3　示唆指向法

相手の意見に正面から反対するのではなく，さりげなく自分の意見を主張していく話し方を**示唆指向法**という。相手の意見が間違っていたり，納得できない場合に，相手の意見には直接ふれず，自分の意見のみを述べ，相手の意見は決して批判しない。相手は自分の意見を批判されないため，素直に意見を比較・判断して，自分の意見を引っ込めて，示唆された意見を選択することになる。ソフトに自己主張するため，押しつけがましくなく，相手に自分の意見を選択してもらうことができる。

4　二者択一法

相手に「ノー」と言わせないために，肯定の二者択一で聞いていく話し方を**二者択一法**という。「買うか」「買わないか」と聞くと，「買わない」と即時に答えられてしまうこともあるが，「買っていただける」という前提で，「お買いいただける場合，白色と黒色ではどちらがよろしいでしょうか」，または「支払方法は一括と分割ではどちらのほうがよろしいでしょうか」などと聞いていけば，徐々に話が進み，「買う」という結論が出やすくなる場合がある。

◆示唆指向法

✗ 正面から反対されると素直に比較できない

○○さんはAがよいとおっしゃいましたが，Aは問題点が多く，賛成できません。

生意気なこと言って…

○ 冷静に比較して，自分の意見を反省できる

私はBがよいと考えます。なぜなら次のような利点があるからです。

さっきはAと言ったけれど，Bの方がいいか。

◆二者択一法

白色と黒色なら，どちらがよろしいですか？

じゃあ，白色を。

一括払いと分割払いでは，どちらがよろしいでしょうか。

分割で。

4 苦情対応

1 苦情対応とその場面

ビジネスでは，苦情を受けることもある。商品自体に関する苦情以外にも，販売員の態度など，人的なことに対する苦情もある。苦情は，対面で直接言われることもあるが，電話や手紙，メールなどを通して受けることもある。

2 効果的な苦情対応

1 誠意をもって対応する

苦情を言っているときは，相手は怒りにまかせ興奮していたり，感情的で論理的には考えられないことが多い。そのようなときに，「そんなはずはない」「何かの誤解では」「説明書の通りにされましたか」などと言葉を返しては，相手の怒りをますます増長させることになりかねない。「申し訳ございません」「ご迷惑をおかけしました」などの詫び言葉とともに，誠意を持って対応することが大切である。

2 苦情内容を正確に聞きとる

苦情内容については，相手の話に割って入ったりせず，最後まで誠意を持って聞くようにする。また，商品についての苦情の場合などは，「今後の対応をさせていただくために，メモ（録音）をとらせていただいてもよろしいでしょうか」と断り，必要に応じてメモ（録音）をとるなど，相手の主張を正確に聞きとることが解決策を提示するために必要である。[1] ただし，相手の主張の矛盾点を指摘したり，あげ足をとったりすることがないように注意する。

[1] 電話のお客様相談室などでは，許可を得て録音する事が一般的である。

◆誠意をもって対応する

ご迷惑をおかけして申し訳ございません。
詳しくお話をお聞かせいただけますでしょうか？

◆苦情内容を正確に聞きとる

お買い求めいただいたのは，いつでしょうか？

スイッチを入れたときに，どのような音がしましたでしょうか？

3 チームで対応する……………………………………………………

　苦情の内容にもよるが，苦情を受けた際は，まずは自分で対応するようにし，その件に関する専門の担当者がいる場合や，一人で対応できないような内容の場合は，「申し訳ございません。わたくしでは力不足でございますので，上司の〇〇（専門の〇〇）を同席させてもよろしいでしょうか」と断って応援を仰ぐようにする。ただし，相手にたらい回しにされていると感じさせたり，何度も話をさせたりすることは避ける。相手が興奮していて明らかに一人で対処できない場合や，話の最初の段階で自分では力不足だと感じたら，すぐに上司を同席させるなど，臨機応変に対応することが大切である。

4 苦情は善意に解釈する……………………………………………………

　苦情は言う側も受ける側も楽しいことではない。言う側はマイナスの感情を持つとともに，苦情を言う時間や労力を費やしているのである。受ける側は一人の苦情と思わず，同じ思いをしている人が何倍もいると考え，「自分の会社や商品をよりよくするために助言していただいている」という感謝の気持ちを忘れてはならない。そして，苦情の内容をよく吟味して，今後の商品やサービスに活かしていくことが大切である。それ故，話の最後には「ご注意いただきまして，ありがとうございました」と礼を述べることを忘れてはならない。

5 苦情対応は社内で共有する……………………………………………………

　対処した苦情の内容については記録に残し，情報を社内で共有する。特に，苦情を受け「後日，対応する」と言ってそのままにすることがないよう，注意しなくてはならない。

◆一人の苦情の後ろには何倍もの不満がある

誠に申し訳
ございません。

◆苦情対応の共有

昨日，〇〇について，お客様から次のようにご指摘いただきました。対応は…。今後は，このようなことがないようお願いします。

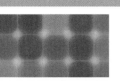

（1）　ディスカッションについて，次のなかから<u>適切でないもの</u>を一つ選びなさい。

ア．参加者全員が自由に発言できるよう，特に進行役は決めずに開始する。

イ．始める前に，目的と論点を明確に示して，参加者全員に理解させる。

ウ．話しやすい雰囲気を作るように心掛け，上司と部下，先輩と後輩の関係に縛られず，自分の考えを発言できるようにする。

エ．反論したり反対意見を述べたりするときは，感情的にならず，敬意を持って話すようにするなど，相手への気配りを忘れないようにする。　　　　　　　　　〈第5回試験出題〉

（2）　ビジネスにおける効果的なプレゼンテーションについて，次のなかから<u>適切でないもの</u>を一つ選びなさい。

ア．聴き手の役職や立場に合わせた内容にする。

イ．時間や場所，人数など与えられた条件に合わせて構成する。

ウ．話すスピード，声の強弱，間の取り方などを工夫する。

エ．スライドは画像を用いず，詳細な文章のみで構成する。　　　　　　　〈第4回試験出題〉

（3）　交渉について，次のなかから<u>適切でないもの</u>を一つ選びなさい。

ア．交渉は，片方の主張を一方的に通してでも結論を導くことが大切である。

イ．必要なことをはっきりと主張できる雰囲気を作るよう努力することが大切である。

ウ．相手のことをよく理解し，相手との雑談からよい人間関係を作ることが大切である。

エ．相手のニーズをつかみ，相手が必要としているものを提示することが大切である。

（4）　交渉における効果的な話の進め方について，次のなかから<u>最も適切なもの</u>を一つ選びなさい。

ア．相手に断られないようにするためには，「お買い求めいただける場合は，明るい色と落ち着いた色のどちらがよろしいでしょうか」などと，二者択一で聞いていくとよい。

イ．相手からの質問には答えず，自分の要求は時間をかけて伝え，自分の主張が認められるように進めていく。

ウ．相手の意見に納得できないときは，相手に質問をし続け，それでも納得できないときは相手の意見を批判しても構わない。

エ．交渉の時間には限りがあるので，余計な話はせずに，あいさつが済んだらすぐに本題に入るとよい。　　　　　　　　　　　　　　　　　　　　　　　　　　〈第12回試験出題〉

（5）　苦情の対応について，次のなかから<u>適切でないもの</u>を一つ選びなさい。

ア．相手が自分の名前を名乗らない場合は，対応する必要はない。

イ．自分ひとりでは対応できない場合は，上司に相談したり，チームで対応する。

ウ．相手の言うことを最後まで聞き，内容を正確に聞き取り把握することが大切である。

エ．相手が興奮していたり感情的になっているときは，誠意をもって低姿勢に徹する。

（6） ディスカッションについて，次のなかから適切でないものを一つ選びなさい。

ア．目的や論点を明確にせず，自由な発想で発言できる雰囲気を作る。

イ．最初に進行役を決めて，特定の人だけが発言することなく全員に発言する機会を与える。

ウ．自分の意見は，相手の意見を尊重した上で，簡潔に論理的に述べる。

エ．他の参加者の意見をよく聞き，自分の意見が批判されても感情的にならない。

〈第8回試験出題〉

（7） 苦情対応について，次のなかから最も適切なものを一つ選びなさい。

ア．客の話から矛盾点を探りだし，客が勘違いしていることに気づくよう早い段階で指摘するとよい。

イ．複数で対応すると客が言いくるめられると誤解するので，最初から最後まで必ず一人で対応するとよい。

ウ．まずは謝罪して客の話を最後までよく聞く。苦情は客からの期待や要望と受けとめ，感謝の気持ちをもって対応するとよい。

エ．客も不快な思いをしているので記録として残さないほうがよい。また，個人情報保護の観点からその情報は社内で共有してはならない。〈第11回試験出題〉

（8） 交渉における効果的な話の進め方として，次のなかから適切でないものを一つ選びなさい。

ア．その日の天気などの雑談から切り出し，和やかな雰囲気を作ってから本題に入るとよい。

イ．相手の意見に納得できないからといって面と向かって反論するのではなく，やんわりと自分の意見を主張するとよい。

ウ．即時に断られないように，二者択一の質問で相手が答えやすいように話を進めるとよい。

エ．自分から相手に尋ね返すような質問はしないが，相手から質問があったときは，自分の気が済むまで説明するとよい。〈第9回試験出題〉

（9） 得意先から頼まれて，1週間後に新商品のプレゼンテーションに出向くことになった。事前の準備として，次のなかから最も適切なものを一つ選びなさい。

ア．参加者や会場の詳しい情報を手に入れ，本番を想定したリハーサルを行う。

イ．対象者を絞らずに，どんな相手にでも対応できるように資料を作成する。

ウ．これまでに上手くいったプレゼンテーションを思い出し，その時の資料を探して読み返す。

エ．当日よく通る声が出るように，発声や滑舌などのボイストレーニングを始める。

〈第8回試験出題〉

（10） ビジネスにおける効果的なプレゼンテーションについて，次のなかから適切でないものを一つ選びなさい。

ア．どんな人にも対応できるように話すのではなく，そのときの聴き手の年代や立場，商品に関する知識などを考慮して話すようにする。

イ．発表時間が指定されている場合でも，熱意を買ってもらえるよう，5分程度時間を超過して終えるようにする。

ウ．会場の大きさや使用できる設備や用具などを事前に調べておき，適切なプレゼンテーションツールを選択して用いる。

エ．聴き手にわかりやすく説明するには，始めに結論を話し，続いてその理由と根拠を話し，最後にもう一度結論を話すようにするとよい。〈第9回試験出題〉

5 商品説明とワークショップ

1 商品説明の場面

商品説明は，店頭，テレビショッピング，ネットショップのWebページ，新商品発売の発表会などで行われる。

2 店頭における効果的な商品説明

店頭における商品説明は，プレゼンテーションの一つである。店頭での商品説明の際は，次の点に留意するとよい。

1 お客に合わせて行う

商品に関する知識はお客によって異なるため，お客の知識量に合わせ，相手が求めている情報をわかりやすい言葉で伝えるようにする。また，お客の話や質問には丁寧に答えるようにする。

2 セールスポイントを明確にする

商品にはさまざまな特性や違いがあるが，店頭で商品を説明するときは，**セールスポイント**にしぼり説明するとよい。複数のセールスポイントから説明するものを選択する場合は，メインターゲットとなるお客が何に一番の魅力を感じるかということから，しぼっていくとよい。また，口頭だけでなくPOP広告などでセールスポイントを明確にすると効果的である。

3 実際に試してもらう

実店舗であれば，商品を実際に手にとることができるため，試食や試着などを勧めたり，操作方法を実際の商品で試してもらったりすると，商品の良さを実感してもらうことができる。

◆試食販売の様子

冷凍庫から出して，30分くらいおいて切ればいいだけです。お弁当にもいいですよ。

3 ネットショップにおける商品説明

ネットショップでは，Webページの説明だけでお客に商品の魅力を伝えなければならない。そのため，店頭販売とは異なるアプローチで，お客に商品を説明する必要がある。

1 第一印象でお客を引き寄せる

オンラインショッピングでは，お客は最初のネットショップの商品説明のWebページを見た印象で，そのWebページに留まるかを判断する。そのため，お客が最初に見る商品説明のWebページでは，商品の魅力が伝わる写真を使用し，セールスポイントがわかるキャッチコピーを載せたりするなどし，その先のより詳しい商品説明を知りたいと思わせる工夫を行う。

2 実物をイメージしやすくする

商品の色などが実物と変わらないような写真を使用し，実際の使用場面や使用方法についても画像や動画で掲載する。また，購入者の**レビュー**やスタッフのコメントなどを載せることで，お客が商品を購入した際の使用イメージがわくようにする。

◆実物をイメージしやすくする

🛒 商品を購入する

平均レビュー ★★★★☆ 4.5

★★★★★ 5.0
イマハル 125 👤
甘くて美味しいいちごでした。また購入したいです。

★★★★☆ 4.0
オオバ 0721 👤
丸々としたきれいないちごでした。量も多くとても満足しています。

★★★★☆ 4.5
フジイ 0025 👤
配送も早く梱包も丁寧でした。

3　商品の詳細はできるだけ示す……………………………………………

　オンラインショッピングでは実物を目にすることができないため，メーカー名，生産地，商品名，価格，色，サイズ，素材，重量，生産日，使用上の注意などについて詳細に示す。特に重量やサイズなどは数値だけでなく，比較対象となるものと一緒に撮影したり，衣料品であればモデルの身長などを示したりするとわかりやすい。また，商品の欠点などがあれば，それも明記する。

4　見やすく読みやすいページをつくる…………………………………

　さまざまな人が閲覧することを考え，視覚に障がいがある人なども含め，多くの人がスムーズに情報を受け取ることができるようにする。配色やフォントの工夫を行い，視覚情報のバリアフリーを目指した見やすく読みやすいページをつくる。

◆商品の詳細を明記する

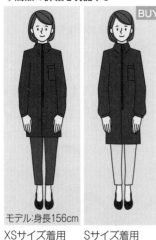

モデル:身長156cm
XSサイズ着用　Sサイズ着用

推奨サイズ/Recommended Size
Unisex

Size	XS	S	M	L	XL
身長/Height (cm)	150〜160	158〜165	163〜175	173〜180	178〜185
体重/Weight (kg)	42〜53	51〜61	59〜69	67〜78	76〜85
胸囲/Chest (cm)	78〜84	80〜88	84〜95	92〜102	100〜110

製品サイズ/Product Size

裄丈
袖口巾
身巾
着丈

4　ワークショップでの商品説明

1　ワークショップとは……………………………………………………

　ワークショップとは，体験型講座のことで，講師から一方的に説明を受けるのではなく，参加者自身が主体的に意見交換をしたり，体験したりすることで知識や技術，操作方法を学ぶものである。ワークショップと言う言葉が示す活動の範囲はひろく，課題を解決するための話し合いや合意形成の一手法を指すこともあるが，商品説明の一つの形態としてワークショップを行うこともある。

2　ワークショップのメリット……………………………………………

　商品説明を目的とするワークショップには，料理を通して食材や調理器具を紹介したり，ペンキを塗ったり壁紙を貼ったりするＤＩＹの講座を通して塗料や壁紙，刷毛などの商品を紹介したりするものがある。商品に実際に触れることができるため，商品の良さを直に知ってもらい納得して購入してもらうことができる。また，すでに商品を購入済みのお客に対しては，新たな使用方法を提案するなどの**アフターサービス**としての役割もある。さらに，ワークショップを開催することが商品や店の宣伝になり，新規顧客を獲得できたり，参加者から店や商品に関する率直な意見を聞く機会になったりする。

◆DIY のワークショップ

この電動ドライバーなら，力も入りませんし操作も簡単です。

6 ソーシャルメディアを活用した情報発信

1 ソーシャルメディアの特徴

SNSをはじめとしたソーシャルメディアは，企業が行う情報発信においても大きな役割を果たしている。ソーシャルメディアでは，情報の発信と受信が双方向で行われ，受信者によって情報が拡散されていく点に特徴がある。企業はソーシャルメディアの活用により，低コストで情報発信ができるだけでなく，消費者の意見や反応を直に受け取ることができ，商品開発やマーケティングに活用することができる。

2 ソーシャルメディアによる情報発信

企業にとってのソーシャルメディアは，消費者とのコミュニケーションの場である。商品の販売促進の手段としての側面もあるが，企業は，消費者の共感を得ることや親近感を持ってもらうことをより重視している。

1 目的と効果・・・

企業はソーシャルメディアによる情報発信を行うことで，自社や商品の認知度の向上，販売促進，商品開発，顧客のサポートなどを行うことができる。

2 ソーシャルメディアの選択・・・・・・・・・・・・・・・・・・・・・・・・・・・・・・・・・・・・・・

企業がソーシャルメディアを使用する場合は，自社の顧客タイプや商品やサービスの特性，伝えたい情報に合わせて使用するソーシャルメディアを選択する。

3 ソーシャルメディア利用時のリスクと注意点・・・・・・・・・・・・・・・・・・・・・・・

企業がソーシャルメディアを用いることのリスクは，負の情報も瞬時に拡散されるということである。公式アカウントで誤った情報を投稿したり，不快感を与える情報を投稿したりすることで，信用を失ってしまうリスクがある。リスクを回避するためには，次のような点に注意する必要がある。

> ・ガイドラインを作成し，それを遵守する。
> ・従業員一人ひとりにソーシャルメディア利用上の注意を促す。
> ・法令を遵守し，個人情報の流出や肖像権・著作権の侵害をしない。
> ・投稿する内容は会社を代表した意見・姿勢と思われることを認識する。
> ・社内でチェックされ，許可された内容を投稿する。
> ・1日の投稿数やコメントへの対応指針を決め，投稿者を公平に扱う。

◆ソーシャルメディアを利用する目的と効果
● 認知度の向上

これかわいい！うちの犬にも着せてみようかな。どこの店のだろう？

共感を得られた情報が拡散することにより，企業や商品の認知度が高まる。

● 販売促進

お願いします。

クーポンのご利用はございますか。

SNSでクーポンを配布したり，お得な情報を配信したりすることで店舗に足を運んでもらったり，ネットショップに誘導する。

● 商品開発

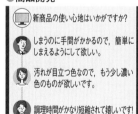

新商品の使い心地はいかがですか？

しまうのに手間がかかるので，簡単にしまえるようにして欲しい。

汚れが目立つ色なので，もう少し濃い色のものが欲しいです。

調理時間がかなり短縮されて嬉しいです！

既存商品に対する要望や新商品に対する意見を募ることができ，商品開発に活かせる。

● 顧客のサポート

2，3分使い続けると急に速度が落ちてくるのですが…。

通常モードで作動するのは連続で最長2分です。一度止めて再スタートしていただければ，速度は戻るようになっております。

商品の使い方を発信したり，商品に対する相談を受けたりできる。

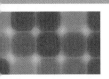

練習問題⑳

（1）　店頭における商品説明に関して，次のなかから<u>適切でないもの</u>を一つ選びなさい。

ア．店頭での商品説明では，商品に関するすべてを細部までできるだけ詳しく説明する。

イ．お客の知識に合わせ，わかりやすい言葉を使って説明する。

ウ．実際に試せるものについては，手に取ってもらい，試食や試着をしてもらう。

エ．商品の最大の魅力を強調するため，セールスポイントに絞って説明するとよい。

（2）　ネットショップにおける商品説明に関して，次のなかから最も適切なものを一つ選びなさい。

ア．最初に目にするWebページですべてが伝わるように，詳細な情報を記すようにする。

イ．実際の使用場面や購入者のレビューでは，プラスの情報だけを載せるようにする。

ウ．商品の詳細はあまり読むことはないので，商品の説明は写真だけでよい。

エ．このページをさらに見たいと思ってもらえるよう，商品説明の最初のWebページでは商品の魅力が伝わる写真やセールスポイントをメインにするとよい。

（3）　ワークショップに関して，次のなかから<u>適切でないもの</u>を一つ選びなさい。

ア．ワークショップとは体験型講座のことで，参加者自身が主体的に意見交換したり，体験したりすることで知識や技術，操作方法を学ぶものである。

イ．ワークショップを開催することのメリットとして，新規顧客の獲得や消費者の意見を直接聞けることなどがある。

ウ．ワークショップでは，商品を売ることが目的であるため，既に商品を購入済みのお客に対しては参加を見合わせてもらう。

エ．ワークショップは，DIYに関する商品など，道具の使い方にコツがいるものや，一度購入すると買い替えが難しいものなどで開催すると効果的である。

（4）　企業のソーシャルメディアによる情報発信に関して，次のなかから<u>適切でないもの</u>を一つ選びなさい。

ア．ソーシャルメディアの特徴は，双方向性と即時性である。

イ．企業のソーシャルメディアの利用は，顧客とのコミュニケーションがメインであるため，販売促進には適さない。

ウ．顧客の年代や商品の特性に合わせて，適切なソーシャルメディアを選択するとよい。

エ．ソーシャルメディアはマスメディアに比べて低コストで情報発信ができる。

（5）　ソーシャルメディアを活用することで企業が期待できる効果について，次のなかから<u>適切でないもの</u>を一つ選びなさい。

ア．自社商品に対する相談を受けた後は，関連する情報だけでなく，在庫品や処分品の情報も発信することができる。

イ．アンケートを実施して既存商品に対する要望や新商品に対する意見を募り，商品開発に生かすことができる。

ウ．お得な商品情報を発信したり，クーポンを配布したりして，実店舗やネットショップへの来店を促すことができる。

エ．クチコミで広がり，多くの共感を得られた情報は，信ぴょう性が高く信頼できるので，経営活動に反映させることができる。

〈第11回試験出題〉

コミュニケーションとビジネススキル

1 会議　2 文書におけるコミュニケーション

1 会議

1 会議の目的と種類

企業では，毎日さまざまな**会議**が開催される。株主総会のような大規模な会議から，部内の小さな会議や打ち合わせまで，その形式や形態もいろいろである。

1 会議の目的

会議は特定の議題について，審議や採決を行う。会議は，多くの人の知識や経験にもとづく協力が必要な場合や，単なる報告や連絡で片づけることができない事案が存在する場合などに開催する。その目的は，情報の整理や意見の交換，討議・検討によって意思の集約を図り，意思決定をすることである。

2 会議の種類

▶1 株主総会

株主総会は，株主が会社の運営に関する基本事項を決める会社の**最高意思決定機関**である。総会には，**定時総会と臨時総会**がある。定時総会は年1回以上一定の時期に開催され，臨時総会は必要に応じて開催される。

▶2 取締役会

取締役会は，株主総会によって選任された**取締役❶**により構成され，株主の委任を受けて，会社の経営に関する基本方針を決定する。取締役の任期は，原則として2年である。

▶3 常務会

取締役の中で，会社を代表して業務を遂行する取締役を**代表取締役**という。通常，**社長**がこれに該当し，ほかに**副社長，専務取締役，常務取締役**など，役職付きの取締役を置くことが多い。**常務会❷**はこれらのメンバーで構成され，経営に関する重要事項を話し合う機関である。常務会は，**役員会**や**重役会，経営会議**などと呼ばれる場合もある。

▶4 部長会

部長会は，各部署の責任者によって構成される会議であり，常務会の補佐的な役割を果たす。このため，取締役が部長を兼務している場合もある。

▶5 その他の会議

各種委員会における会議，経営者と労働者の代表が労使関係について協議する労使協議会，研究会議や研修会議など会社によってさまざまな会議がある。また，業界団体や経済団体などの団体における社外の会議もある。

●会議参加時の心得●
・資料の収集や整理，分析などの事前準備を十分に行う。
・話の内容を忘れないように，必ずメモを取る。
・質問は，発言者が言い終わってからにする。発言の途中では質問しない。
・自分が発言するときは，要点をしぼり，できるだけ簡潔に話す。

◆株主総会

❶ 企業の業務執行に関する意思決定や監督を行う。

❷ 代表取締役という名称以外は会社法に定められた名称ではなく，企業で独自につけてよい名称である。一般的に副社長，専務，常務の序列になっており，役員と言われる。社長経験者などが会長，あるいは役員経験者が，相談役，顧問として取締役会や常務会に助言を与えることもある。また，法律上，業務執行および会計処理を監査する監査役の設置が義務づけられている会社もある。

3 会議の形式・・

▶1　**円卓会議**

　円卓会議は，20人程度の人数で，自由に発言を行う形式の会議である。テーブルは円形でなくてもよい。フリーディスカッション，フリートーキングとも言われる。

▶2　**パネルディスカッション**

　パネルディスカッションは，異なった意見を持つ数人のパネラーと呼ばれる発言者が発表を行った後，参加者とパネラーが質疑応答を行う形式の会議である。質疑応答により，お互いの理解を深める。

▶3　**シンポジュウム**

　シンポジュウムは，立場の異なる数人の専門家からテーマについての講演を行ったあと，参加者と専門家が質疑応答を行う形式の会議である。学術的なテーマが対象である場合が多い。

▶4　**フォーラム**

　フォーラムは，おもに公共性の高い問題について，参加者の資格を問わず，多くの人が意見を出し合う形式の会議である。**公開討論会**や**座談会**などとも呼ばれる。

▶5　**バズ・セッション**

　バズ・セッションは，はじめに全体を5～6人の小さなグループに分けて議論を行い，グループごとに代表者が意見をまとめて発表する形式の会議である。**グループ別討議**などとも呼ばれる。

▶6　**ブレーン・ストーミング**

　ブレーン・ストーミングは，テーマについて参加者が自由に意見やアイディアを出し合う形式の会議であり，アイディア会議などで利用される。次の四つのルールを守り，全員参加型で進めていくことに特徴がある。

①**批判禁止**	他人の意見やアイディアを批判しない。
②**自由奔放**	自由奔放な意見やアイディアを尊重する。
③**質より量**	意見やアイディアは質より量。
④**結合便乗**	他人の意見やアイディアに便乗し発展させる。

4 会議室での席次・・

　会議室では，一般的に議長あるいは最も職位の高い人が中央の席に座り，その席に近い順に上座となる。

◆円卓会議

◆パネルディスカッション

◆ブレーンストーミング

◆会議室での席次

●コの字型

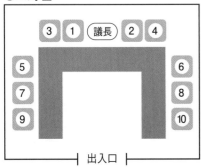

●円卓型

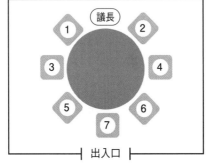

●対面型

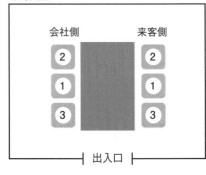

2 会議の基本的な流れ

会議の成否は，会議前に準備がどれだけできていたかによる。また，会議中の業務，会議終了後の後始末も重要な要素である。

1 会議前

▶1 出席者の決定

会議の目的に合った出席者を選び，出席予定者一覧を作成する。

▶2 開催日時の決定

できるだけ全員が出席できるように，出席者の都合を考慮して決定する。

▶3 会場の選定

終了予定時刻よりも，多少余裕を持った時刻まで使用できる会場を選定する。

◆資料の配付

▶4 開催通知の発送

遅くとも1週間前までには会議の開催通知を出す。

▶5 会議資料の準備

早めに作成し，事前に出席者に配付して目を通してもらう。追加の資料がある場合などは，当日配付する。

▶6 会場の準備

会場の広さや机・椅子の数，受付の位置などを確認する。また，会議中に使用するマイクやパソコン，プロジェクターなどのＡＶ機器や，電源，空調などについても十分に確認する。なお，座席は事前に決めておく。

▶7 出欠確認

会議当日には，受付で出欠を確認する。

2 会議中

▶1 会場の管理

空調や照明，騒音などに注意し，出席者から預かった衣類や所持品を確実に保管する。また，部外者の無断立ち入りを防止する。

◆メモとICレコーダー

▶2 電話の取り扱い

緊急の用件の場合には，会場に入り，取り次ぐ相手にメモを渡す。

▶3 茶菓子の接待

休憩時間などを利用して，茶菓子の接待を行う。

▶4 会議の記録

議事録に必要なメモの作成，または録音を行う。

3 会議後

▶1 出席者の見送り

預かった衣類や所持品を確実に本人に返却する。また，会議中に入った電話や伝言がある場合は，そのメモを渡す。

▶2 会場の後始末

会場に忘れ物がないかを確認し，資料や備品などの片付けを行う。

▶3 議事録の作成

会議中に作成したメモや録音をもとに，すみやかに議事録を作成し，上司に提出する。

3 会場設営（事前準備）

　会場設営においては，会議の目的や参加人数，会場のひろさによって机や椅子の配置を考える。座席は事前に決め，席次には細心の注意をはらう。

■1 座席の配置

▶1 円卓型

　円卓型とは，お互いの顔が見えるので，対等の立場で意見交換がしやすい配置である。20人程度までの会議に適している。

▶2 口の字型

　口の字型とは，多人数での会議に適した配置である。人数が増えたときは，口の字の内側に座席を作ったり，机を2重に並べたりする。

▶3 コの字型・Vの字型

　コの字型・Vの字型とは，研修会やプレゼンテーション，研究発表など，参加者から，前方の発表者やホワイトボード，スクリーンを見やすくする配置である。

▶4 教室型

　教室型とは，株主総会や参加者の多い講演会など，おもに情報伝達を目的とする連絡会議などに用いる配置である。学校の教室のように，机を前方に向けて並べる。

▶5 公開討論型

　公開討論型とは，パネルディスカッション，シンポジウムなどで用いられる配置である。

◆会議での座席の配置例

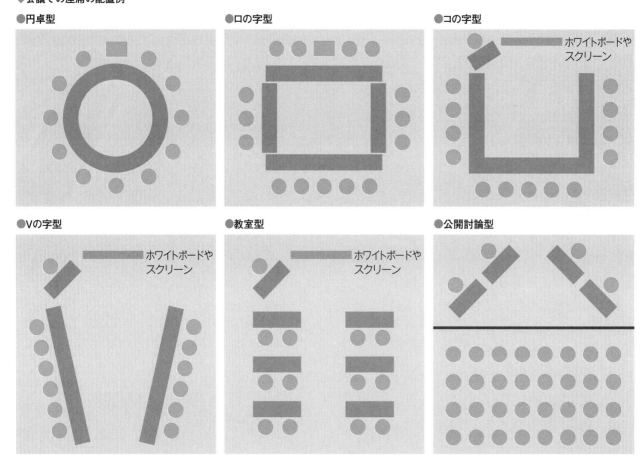

●円卓型　　●口の字型　　●コの字型　ホワイトボードやスクリーン

●Vの字型　ホワイトボードやスクリーン　　●教室型　ホワイトボードやスクリーン　　●公開討論型

4　議事の進め方

　議長（司会者）の技量は，会議の進行やその成果を大きく左右する。したがって，議長は，会議の全体像を把握し，公正・中立な立場で意見を集約し，会議が混乱しないように調整する。また，会議は原則として2時間以内で終了するように進行する。議長は以下の点に留意して，議事を進めるとよい。

① 発言の順序

▶1　挨拶と発言者の指名

　開始時刻になったら，「本日はご多忙のところ，ご参集いただきまして，ありがとうございます。本日の議長（司会）を務めます○○です。本日の議題は，すでにご案内のとおり，☆☆と△△の件です。それでは，□□様から，よろしくお願いいたします」などと進行する。

▶2　初参加者の紹介

　議事に入る前に，初めての参加者がいる場合には，紹介の時間をとる。

▶3　意思決定者の発言は最後

　意思決定者が先に発言してしまうと，結論がそこで出てしまい，別の新しい意見が出ない場合がある。席順に指名して発言してもらう場合でも，課長・部長・取締役などの管理者層や経営者層には，最後に発言してもらう。

② 発言の整理

▶1　だらだら発言は切る

　発言が長くなりそうなときは，発言者に発言を終えるよう促す。

▶2　発言を妨害させない

　他人の発言中に，指名されていないのに発言する人などについては，発言者の邪魔になるので，配慮しながらきちんと注意する。

▶3　少数意見を無視しない

　少数意見であっても，有益な意見である場合があるため，客観的な視点から意見を取り上げる。

▶4　議論が紛糾したら

　議論が白熱すると，とかく本来のテーマから逸脱することが多いので，まずは本来のテーマに戻す。紛糾して収拾がつかないときは，意思決定者に裁定をしてもらう。

③ 会議の締めくくり

　終了予定の10分前位になったら，決定事項，未決定事項を区分して確認する。調査が必要な事項については，適任者を選出して宿題とする。再び会議を行う場合は，最後に，次回の開催日を予告し，閉会を宣言して会議を終了する。

◆議長が発言者を指名する

○○の件につきまして，まずはじめに△△様のご意見をお聞かせ下さい。

◆議論が白熱した場合は

しかしその場合は…

議長は本来のテーマから逸脱しないように注意する。議論の収拾がつかない場合は，意思決定者に裁定を促す。

5 メモと議事録の作成

　議事録は，会議の経過と決定事項，討議内容の概要をまとめたもので，その会議の証拠となる記録である。一般的には，担当者はノートなどに議事の内容を順次メモしておく。会議終了後に，このメモを見ながら議事録を作成して，参加者だけでなく欠席者にも配付する。

◤1◢ メモの作成

▶1 事前記入

　会議名・開催日時・場所・テーマ・出席者などを事前に記入しておく。

▶2 会議の開始

　開始時刻，議長の開会挨拶の要旨，代理出席者，欠席者などを随時記録する。

▶3 発言者名・要点を確認する

　発言があったときは，発言者の会社名（部署名）・氏名を確認し，発言内容を把握してから要点を書き出す。

▶4 発言を区分する

　発言が，質問か意見かを判断し，質問なら回答を記入するスペースを空けておき，回答があったときにはそこに記入する。意見の場合には，賛成か反対かを明確に記録する。

▶5 意見を集約して記録する

　賛成意見と反対意見の概要や割合など，討議のまとめはできるだけ詳細に記録する。

▶6 決定事項（結論）は箇条書きに

　決定事項はわかりやすく箇条書きにして記録する。また，担当者や役割分担，スケジュールなど，会議で決まったことは漏れなく記録する。

▶7 閉会

　議長が閉会を宣言したら，その時刻を記入し，メモの作成を終了する。

◤2◢ 議事録の作成

　メモを参照しながら，議事録を作成する。議事録の記載事項としては，会議の名称・議題・開催日時（開始と終了時刻）・場所・出席者・議事内容・決定事項（結論）・今後の方策および，議事録送付先などがある。

◆メモの作成

議事録を作成する際に必要な要素を，漏れなく記録する。

商品企画会議　議事録		日時	×月×日(火) 9時～11時
		場所	第2会議室
議　題	来期の新商品について		
出席者名	○○部長、△△課長、□□係長…		

決定事項：
①新商品にはA～Cの3つの機能を追加する。
②各機能の詳細については、次回の会議で詳細を検討する。
③Cの機能については、子会社の開発部門が担当する。

討議事項及び内容：
①Bの機能については、コストの再検討が必要ではないか（○○課長）。
②お客様からD機能の要望が多数ある（○○係長）。
③3つの機能をうまく連動させることで、さらに付加価値がつけられないか（○○）。

特記事項：
次回会議　××××年△月△日(水)
　　　　　15時～17時　第2会議室
宿題　　　付加価値向上のための方策

配付先　開発課、営業課、総務課

作成日　××××年　×月　×日
作成者　総務課　西宮 ㊞

・代理出席者や欠席者も明記。

・決定事項（結論）は箇条書きにして、的確にわかるように書く。

・質問の場合は回答、意見の場合は賛成か反対かが示されるので、要点をまとめる。発言者名も記入する。

・次回の開催日時や宿題などを書く。

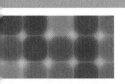

練習問題㉑

（1）　会議に参加する際の心得，態度として，次のなかから最も適切なものを一つ選びなさい。

ア．他人の発言中は，メモを取るために下を向くのは失礼になるので，常に顔を上げて聞くことだけに集中すべきである。

イ．資料の収集や分析などの事前準備をすると先入観を持ってしまうので，しない方がよい。

ウ．他人の発言中に疑問が生じた場合は，忘れないように，発言の途中であってもすぐに質問するべきである。

エ．賛否を求められた場合は，あいまいな回答はせず，はっきりと意思表示すべきである。

〈第8回試験出題〉

（2）　議事録の作成について，次のなかから適切でないものを一つ選びなさい。

ア．会議の過程がわかるように，発言の一言一句を時系列で記入するとよい。

イ．5W3Hに基づいて，わかるところは会議の前に調べておき，事前に記入しておくとよい。

ウ．決定事項は，会議の結果何が決まったのかを具体的に簡潔に記入するとよい。

エ．質問や回答は，発言者とその内容を必ずメモにとり，要点をまとめて記入するとよい。

〈第9回試験出題・改題〉

（3）　会議の形式について，次のなかから最も適切なものを一つ選びなさい。

ア．小グループでの話し合いの後，代表者が意見をまとめて発表する形式をパネルディスカッションという。

イ．おもに公共性の高いテーマについて，参加者が意見を出し合う形式をブレーンストーミングという。

ウ．おもに学術的なテーマについて専門家が講演をおこない，その後参加者と質疑応答をおこなう形式をシンポジウムという。

エ．他人の意見を批判せず，自由にたくさんのアイディアや意見を出し合う形式をフォーラムという。

〈第11回試験出題〉

（4）　下記のような座席の配置は，どのような形式の会議に適しているか。次のなかから最も適切なものを一つ選びなさい。

ア．どの席からも参加者の顔がよく見え，対等な立場で自由に発言しながら意見交換ができる少人数の会議に適している。

イ．情報伝達がメインの会議で，参加者の多いプレゼンテーションや研修会，研究発表会などに適している。

ウ．適度な距離感で意見交換を行う会議に適している。参加者が多い場合は，内側に座席を増やすことができる。

エ．パネルディスカッションやシンポジウムなどで，参加者と発表者が質疑応答をするのに適している。

〈第9回試験出題〉

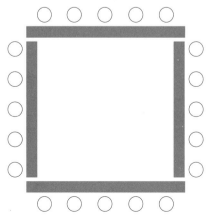

② 文書におけるコミュニケーション

① 文書の種類と内容

コミュニケーションには，口頭によるものと文書によるものとがある。口頭によるコミュニケーションには，言い間違いや聞き違いにより，誤解などが生じる可能性があり，証拠が残らないという短所がある。

このような事態を避けるために，文書を通して情報の伝達が行われる。これを**文書主義の原則**という。

① 文書の種類

文書には，**私文書**と**ビジネス文書**がある。私文書は，個人間でやり取りされるものなので，私的な感情を入れても問題はない。ビジネス文書は，会社の意思を伝えるものなので，私的な感情などは入れず，一般的なルールに従って作成する。

◆口頭による勘違いの例

> 申し訳ありませんが，「びょういん」の予約がありますので，23日の午後に休みを取りたいのですが…

> えっ，「美容院」に行くために休暇を取るの？

② ビジネス文書

ビジネス文書は，形式によって**通信文書❶**と**帳票❷**に分けることができる。それぞれに**社外文書**と**社内文書**とがあり，このビジネス文書を扱う業務を**文書事務**という。

このうち社外文書は，**社交文書**と**取引文書**に分けられる。社交文書は取引に直接かかわりはないが，企業間の支援に必要なものであり，業務を間接的に支援している。これに対し，取引文書は直接業務にかかわる文書である。

③ 文書事務の業務内容

文書事務の業務内容には，文書の作成，文書の内容の理解，文書中の数値の計算，文書の分類・整理，文書による連絡・打ち合わせ，文書の配付などがある。

❶ 通信文書は，一般文書ともいう。

❷ 帳票は，帳簿や伝票など記入する形式が一定しているもの。

◆ビジネス文書の種類

通信文書	社外文書	社交文書	挨拶状,案内状,招待状,祝賀状,紹介状,礼状,推薦状,弔慰状,見舞状など
		取引文書	添状,依頼状,照会状,契約書,承諾書,苦情状,通知状,督促状,詫び状,回答状,催告状,目論見書など
	社内文書		通達,通知,連絡文書,回覧,規定・規程,報告書,起案書(伺い書・稟議書),企画書,提案書,議事録など
	その他		公告
帳 票	社外文書		取引伝票,見積依頼書,見積書,注文書,注文請書,納品書,物品受領書,請求書,領収証,委嘱状,誓約書,仕様書,確認書,委任状,申請書など
	社内文書		願い,届,入金・出金・振替・仕入・売上などの会計伝票,帳簿など

4 ビジネス文書作成上の留意点……………………………………………

ビジネス文書は，文書を受け取った人が正しく容易に理解できるよう，工夫して作成することが大切である。「**正確に，わかりやすく**」文書を作成するために，次のような点に留意する。

▶1 一目でわかる件名をつける

件名（標題）は，用件が一目で理解できるよう，簡潔で，わかりやすいものになるようにする。

▶2 結論を先に書く

文章は，「起承転結」で書く場合が多いが，ビジネス文書では，まず伝えるべきことから書きはじめ，「結起承」の要領で書く場合も多い。

▶3 5W3Hの活用

内容の正確さを確認するためには5W3Hを活用する。5W3Hの活用は，電話や上司の指示を受けるときのメモの作成にも役に立つ。

▶4 漢字

原則として**常用漢字**❶を用いるが，地名・人名その他の固有名詞などは，そのままの文字を使用する。

▶5 数字の使い分け

文書中に数を表記する場合は，横書きには**算用数字**❷を，縦書きには**漢数字**❸を用いる。ただし，数字が語句の一部を構成する場合，「第一人者」「一段落」「二者択一」などのように，横書きでも漢数字を用いる。

▶6 意味を誤りやすい用語に気をつける

「以上」と「以下」など意味を誤りやすい用語を正しく使う。❹

▶7 敬語を正しく使う

敬語で誤りやすいものに**尊敬語**と**謙譲語**がある。尊敬語は，相手の動作などを敬うものであり，謙譲語は自分がへりくだることで相手を高めるものである。混同して使用しないようにする。

▶8 短文主義

接続詞でつないだ長い文は，意味がわかりにくくなりやすい。少なくとも，1行に一つの**読点**「，」「、」を入れ，読点が三つで**句点**「。」を打つ程度にし，一文が短くなるよう工夫する。

▶9 簡潔主義

口語体❺を使用する。自分の周りだけで通用する言葉や，流行語は使わない。また，相手に伝えたい内容を箇条書きにすると，要点が明確になる。

▶10 一件一葉主義

一件一葉主義とは，一つの文書には，一つの用件だけを書くことである。一つの文書に二つ以上の用件があると，相手にわかりにくくなる。

❶ 常用漢字は，新聞や雑誌など，一般の社会生活においての漢字使用の目安となる2,136字の漢字。1981年に制定され，2010年に改定された。

❷ 算用数字は，アラビア数字ともいう。

❸ 数字の単位が大きいときは，「500万円」「3千倍」「1億5千万人」などのように，横書きでもアラビア数字と漢数字を組み合わせるほうがわかりやすい。

❹ 以上・以下はその数字を含み，未満・超えはその数字を含まない。例えば，「1,000円以上」は1,000円を含み，「1,000円未満」は1,000円を含まない（999円まで）。

❺ 口語体とは，話し言葉をもとにした文体。

◆誤解を招く表現

ここではきものをぬぐ

着ているものを脱ぐの？

◆簡潔主義

依頼状

2 社外文書の書き方

1 前付け……………………………………………………

▶1 **文書番号** 他の文書と区別するために右上段に記入する。発信部署名の略号（りゃくごう）の次に，年度ごとに「1」から始まる通し番号をつける。

▶2 **発信日付** ビジネス文書では，発信日付が重要な意味を持っており，文書番号のすぐ下に記入する。

▶3 **受信者名・敬称**（けいしょう） 発信日付の次の行に左寄（よ）せにして，あて先の会社名・職名・氏名などを書く。このとき，相手の職名が変わっていないか確（かく）認（にん）する。また，敬称は受信者が個人であるか組織であるかによって異（こと）なる。❶

▶4 **発信者名・押印**（おういん） 受信者名・敬称の次の行に，右寄せで書き，押印する。その文書の責任を示す重要（こう）な項目である。社印と，職名を刻んだ職印（こじん）（あるいは個人印）の両方を押（お）す場合，社印だけを押す場合，職印（ぎ）だけを押す場合，個人印（私印）だけを押す場合がある。❷

2 本文……………………………………………………

▶1 **件名** 文書の内容を短く一言で表し，行の中央に書く。

▶2 **頭語**（とうご）❸**・前文**（ぜんぶん） 頭語は，話し言葉の「こんにちは」「はじめまして」にあたる。前文は用件（ようけん）に入る前の挨拶（あいさつ）文で，**時候の挨拶**や会社の発展（はってん）❹を祝う言葉に続けて，日頃（ひごろ）の感謝（かんしゃ）を述（の）べる。儀礼（ぎれい）的な文書では丁寧（ていねい）に書く。

▶3 **主文**（しゅぶん） 最も重要な部分であり，内容（ないよう）を簡潔（かんけつ）にまとめて書く。

▶4 **末文**（まつぶん） 本文を締（し）めくくる終わりの挨拶文である。

▶5 **結語**（けつご）❸ 結語は，話し言葉の「さようなら」にあたる。

▶6 **別記**（べっき） 主文に含（ふく）まれる内容であるが，文書全体が読みやすくなるように項目化できるものは主文から取り出して本文の下に簡潔に書く。

3 後付け（付記）（あとづけ）（ふき）…………

▶1 **追って書き（追伸）**（ついしん） 本文中に入れるほどでもないが，相手に留意（りゅうい）してほしいことがらを書く。改行して「なお」「追って」「追伸」から書き出す。

▶2 **同封物指示**（どうふうぶつ）（しじ）（めいしょう） 同封する他の書類の名称と数量を書く。最後に，右寄せで「以上」と書いて締めくくる。

▶3 **担当者名**（たんとうしゃ）（れんらく） 連絡が必要になる場合があるので，該当する担当者の名前を書き，電話番号やFAX番号，メールアドレスなどを記入する。

❶ 「様・先生・殿（どの）」は個人あて，「御中」（おんちゅう）は企業・団体（だんたい）あて，「各位」は不特定多数あてに用いる。

❷ **押印**（おういん）**のしかた**
▼社印・職印両用の場合
株式会社 ○○ 社
　営業部長 実教 太郎

▼社印だけを使用する場合
株式会社 ○ ○ 社

▼職印だけを使用する場合
株式会社 ○○ 社
　営業部長 実教 太郎

▼個人印（私印）だけの場合
担当:人事課 実教 花

❸ **頭語と結語の関係**

頭語	結語
拝啓	敬具
謹啓	敬白・敬具
拝復	敬具
前略	草々

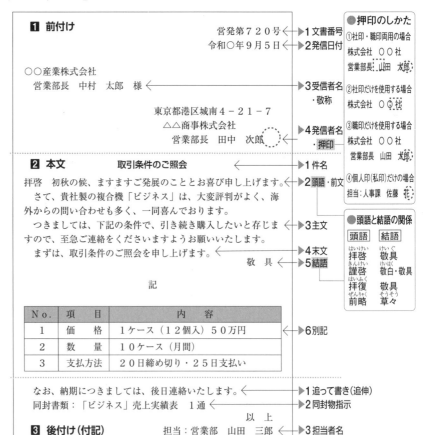

● 押印のしかた
①社印・職印両用の場合
株式会社 ○○社
営業部長 山田 太郎
②社印だけを使用する場合
株式会社 ○○社
③職印だけを使用する場合
株式会社 ○○社
営業部長 山田 太郎
④個人印（私印）だけの場合
担当:人事課 佐藤 花

● 頭語と結語の関係

頭語	結語
拝啓（はいけい）	敬具（けいぐ）
謹啓（きんけい）	敬白・敬具（けいはく）
拝復（はいふく）	敬具
前略（ぜんりゃく）	草々（そうそう）

1 前付け
　　　　　　　　　　　営発第720号 ←1 文書番号
　　　　　　　　　　令和○年9月5日 ←2 発信日付

○○産業株式会社
　営業部長 中村 太郎 様 ←3 受信者名・敬称

　　　　　東京都港区城南4-21-7
　　　　　△△商事株式会社
　　　　　営業部長 田中 次郎 ←4 発信者名・押印

2 本文　　　取引条件のご照会 ←1 件名
拝啓 初秋の候、ますますご発展のこととお喜び申し上げます。←2 頭語・前文
　さて、貴社製の複合機「ビジネス」は、大変評判がよく、海外からの問い合わせも多く、一同喜んでおります。
　つきましては、下記の条件で、引き続き購入したいと存じますので、至急ご連絡をくださいますようお願いいたします。←3 主文
　まずは、取引条件のご照会を申し上げます。←4 末文
　　　　　　　　　　　　　　　　敬 具 ←5 結語

　　　　　　　　　記

No.	項　目	内　　容
1	価　格	1ケース（12個入）50万円
2	数　量	10ケース（月間）
3	支払方法	20日締め切り・25日支払い

←6 別記

なお、納期につきましては、後日連絡いたします。←1 追って書き（追伸）
同封書類：「ビジネス」売上実績表　1通 ←2 同封物指示
　　　　　　　　　　　　　　　　以 上
3 後付け（付記）　担当：営業部 山田 三郎 ←3 担当者名
　　　　　　　電話 03(5702)xxxx 内線 120
　　　　　　　e-mail：s-yamada@•••.co.jp

◆時候の挨拶の例

1月冬	厳寒の候, 新春の候
2月冬	余寒の候, 春寒の候
3月春	早春の候, 春分の候
4月春	春暖の候, 陽春の候
5月春	新緑の候, 薫風の候
6月夏	初夏の候, 梅雨の候
7月夏	盛夏の候, 酷暑の候
8月夏	残暑の候, 晩夏の候
9月秋	初秋の候, 秋涼の候
10月秋	秋冷の候, 仲秋の候
11月秋	晩秋の候, 向寒の候
12月冬	初冬の候, 寒冷の候

◆月の異名

1月	睦月(むつき)
2月	如月(きさらぎ)
3月	弥生(やよい)
4月	卯月(うづき)
5月	皐月(さつき)
6月	水無月(みなづき)
7月	文月(ふみづき)
8月	葉月(はづき)
9月	長月(ながつき)
10月	神無月(かんなづき)
11月	霜月(しもつき)
12月	師走(しわす)

（下記は前ページの側注）
❹ ご発展は相手が企業・団体である場合に使用する。企業・団体あてでは, このほかに, ご隆盛・ご繁栄などがある。相手が個人である場合には, ご健勝・ご清栄・ご清祥などを使用する。

● 季節の区分
・春　3月〜5月
・夏　6月〜8月
・秋　9月〜11月
・冬　12月〜2月

3 社内文書の書き方

1 社内文書の特徴

社内文書は社外文書とは異なり, 儀礼的な配慮はほとんど必要なく, 簡潔明瞭に書くものである。そのため, 様式化・略式化し, 仕事の効率化を図るような工夫が大切である。社内文書には, 次のような特徴がある。

①定型的な仕事には, 社内文書の一つである**帳票**（帳簿・伝票・各種届出書など）が多く用いられる。

②社外文書ほど丁寧に書く必要はない。例えば, 社外文書では「お願い申し上げます」や「お願いいたします」とするが, 社内文書では「お願いします」や「願います」でよい。

③受信者名は職名だけにする。職名に「様」や「殿」をつけることもあるが, 姓はつけない。例えば, 「田中総務課長　様」ではなく, 「総務課長　様」とする。

④発信者名も職名だけを書く。

⑤最後に「以上」を入れて右寄せし, 担当者名や内線番号などを書く。

2 その他の主な社内文書

①**起案書**（伺い書・稟議書）…上司に案件の決裁を受けるための文書。

②**通達**…社内の組織変更など, 社員に必要な情報を伝える文書。

③**連絡文書**…通知, 依頼, 案内, 照会, 回答などを行う文書。

④**報告書**…上司から指示や命令を受けて行動した結果を伝える文書。業務報告書や出張報告書, 調査報告書, 研修報告書, 事故報告書などがある。

⑤**掲示**…社内に文書を貼り出して, 社員に通知する文書。人事異動や昇格などを掲示する企業もある。

⑥**回覧**…社員に回し読みさせて, 内容を周知させる文書。全員に回覧するまでに時間がかかるという欠点がある。

⑦**各種届出書**…特別休暇届, 忌引届などがある。

◆社内文書の例

```
                                              販発第87号
                                              令和○年9月18日

   支店長各位

                                              本店販売部長

              販売責任者会議の件 (連絡)
   標記の件, 下記のとおり開催しますので, ご出席ください。

                          記

   1. 議 題    (1) 9月度の販売実績報告
              (2) 10月度の販売計画
   2. 日 時    10月5日(火) 10時から12時まで
   3. 場 所    本店第一会議室
   なお, 当日は議題についての各支店の検討資料を27部持参して
   ください。                                    以 上


                              担当者 販売管理係 遠藤
                                    (内線 27)
```

4 社外文書の作成

社外文書で，**社交文書**の一つである**案内状**は，新しい商品の発表会・展示会・説明会など，主に宣伝を目的とした催しを知らせるために出される。なお，会社の創立記念行事など，特別な催しを行う場合には**招待状**が出される。

案内状の書き方と作成のポイント

①全体的に丁重な表現をして，行事の目的・内容を述べる。

②案内や招待の趣旨を述べ，出席を願う心をこめる。

③出欠をとる場合は，その旨を記し，返信用はがきを同封する。

④発送は，早すぎず，遅すぎず，タイミングよく行う。少なくとも当日の3〜4週間前には発送する。

販発第246号
令和○年2月5日

株式会社舞浜産業
　取締役社長　山口　健　様

東京都品川区大崎四丁目2番
夢の国電装株式会社
販売部長　浦安　翔平

新製品発売のご案内

拝啓　新春を迎え、ますますご清栄のこととお喜び申し上げます。

　さて、当社ではすでに発売中の「スマートフォン8」を改良した新製品「スマートフォン8s」を発売します。

　つきましては、下記のとおり発表展示会を開催いたします。ご覧いただきましてご意見を賜り❶、ご用命❷いただければ幸いです。

　まずは、ご案内まで。　　　　　　　　　　　　　敬　具

記

1．日　時　　令和○年3月1日〜5日　10時〜16時
2．場　所　　お台場湾岸ビル3F大ホール
なお、ご来場の折は本状を受付にご提示ください。
同封物：交通案内図　1通　　　　　　　　　　　以　上

担当：販売課　今井　舞
電話 03(3607)51xx
e-mail:M_Imai@ydk.co.jp

❶ 賜りは「いただく」の意味で「もらう」の謙譲語である。

❷ 用命は「注文」の意味である。

---

5 社内文書の作成

社内文書の一つである**起案書**（伺い書・稟議書）は，その案件を実施してよいかを，決定権を持つ上司にたずね，承認を得るための文書である。誰の決裁を必要とするかは，その案件によって異なる。起案書は関連する部署に回覧して，異議がなければ印鑑を押してもらう。この文書による手続きを**稟議**という。

起案書の書き方と作成のポイント

①簡単で定型的な内容であっても，上司の承認を求めておくことがビジネスの慣習である。

②案件を実施する理由や目的，実施した場合の影響などを必要に応じて述べる。

稟議書

起案番号	○×第1119号		保存期間	5　年
決　裁	社　長	専　務	部　長	課　長
起案者	日下部　咲	起案日	令和○年6月15日	
件　名	インターンシップ受入の件			

標記の件について、ダイアナ学園高等学校長より依頼がありました。下記の実習の可否について伺います。

記

1．実　習　生　　私立ダイアナ学園高等学校3年
　　　　　　　　　上野樹里亜　堀北真紀子　深田京香　3名
2．実習内容　　　販売促進店頭販売
3．実習期間　　　8月11日（火）〜20日（木）
　　　　　　　　　（ただし、土・日曜日を除く）
4．実習時間　　　毎日10時〜15時
5．受入店舗　　　品川シーサイド店
6．受入管理　　　販売課長　綾小路

以　上
担当：販売課　日下部
（内線　338）

---

6 電子メールの利用

電子メール（e-mail）は，インターネットなどのコンピュータネットワークを通して，文書などのメッセージを送受信するシステムである。電子メールにはメールソフト（メーラ）を利用するものと，ブラウザを利用するWebメール[1]と呼ばれるものがある。

また，電子メールの形式には，装飾情報のないテキスト形式とワープロソフトのように装飾情報を持ったHTML形式があり，一般的にはテキスト形式で作成することが多い。[2]

ICT（情報通信技術）の進展により，現在ではビジネス文書のやりとりを電子メールで行う場合も多い。

1 電子メールの作成

電子メールは，以下のようなポイントに注意して作成する。[3]

◆電子メール作成時のポイント

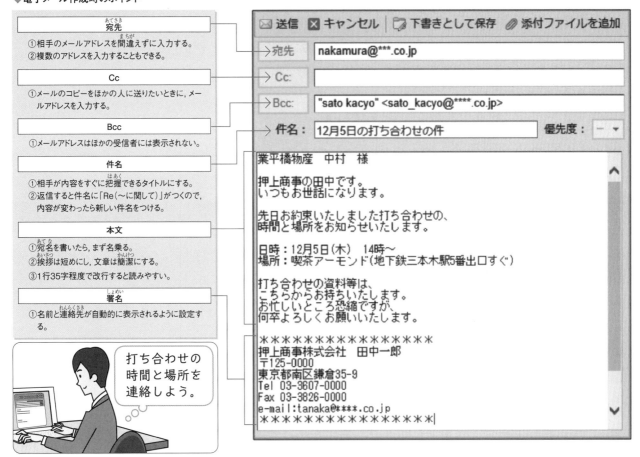

宛先
①相手のメールアドレスを間違えずに入力する。
②複数のアドレスを入力することもできる。

Cc
①メールのコピーをほかの人に送りたいときに，メールアドレスを入力する。

Bcc
①メールアドレスはほかの受信者には表示されない。

件名
①相手が内容をすぐに把握できるタイトルにする。
②返信すると件名に「Re（～に関して）」がつくので，内容が変わったら新しい件名をつける。

本文
①宛名を書いたら，まず名乗る。
②挨拶は短めにし，文章は簡潔にする。
③1行35字程度で改行すると読みやすい。

署名
①名前と連絡先が自動的に表示されるように設定する。

打ち合わせの時間と場所を連絡しよう。

（メール画面）
送信 キャンセル 下書きとして保存 添付ファイルを追加
宛先 nakamura@***.co.jp
Cc:
Bcc: "sato kacyo" <sato_kacyo@****.co.jp>
件名： 12月5日の打ち合わせの件 優先度： ー ▼

業平橋物産 中村 様

押上商事の田中です。
いつもお世話になります。

先日お約束いたしました打ち合わせの、
時間と場所をお知らせいたします。

日時：12月5日（木） 14時～
場所：喫茶アーモンド（地下鉄三本木駅5番出口すぐ）

打ち合わせの資料等は、
こちらからお持ちいたします。
お忙しいところ恐縮ですが、
何卒よろしくお願いいたします。

＊＊＊＊＊＊＊＊＊＊＊＊＊
押上商事株式会社　田中一郎
〒125-0000
東京都南区鎌倉35-9
Tel 03-3607-0000
Fax 03-3826-0000
e-mail:tanaka@****.co.jp
＊＊＊＊＊＊＊＊＊＊＊＊＊

2 電子メール作成時の留意点

▶1 **CcとBccの使い分け** メールの宛先とは異なるメールアドレスにも同時に同じメールを送信する機能がCc（カーボンコピー）やBcc（ブラインドカーボンコピー）である。Ccでは受信者全員のメールアドレスが表示されてしまうが，Bccのメールアドレスは他の受信者には表示されない。

▶2 **使用する文字**[4][5] 丸数字や特殊記号などは，すべてのコンピュータで表示できるとは限らないので，なるべく使わない方がよい。

▶3 **ウィルス対策** メールからコンピュータウィルスに感染することも多い。必ずウィルス対策ソフトを最新のものにしておく。

（欄外）

[1] Webメールは，ブラウザが使える場所ならどこでもメールの送受信が可能である。

[2] 企業が顧客に送るメールでは，広告のようにさまざまな情報を表現するためにHTML形式を利用する場合もある。

[3] 電子メールもビジネス文書であるから，一件一葉主義にしたがって，一つの文書には一つの用件だけを記載する。

[4] ①②などである。

[5] Tel・㈱などである。

●受信時の注意●
・発信元不明のメールは開封せずに削除する。
・出所不明の添付ファイルは安易に開かない。
・返信がすぐに必要な場合もあるので，メールはこまめにチェックする。

1　はがきの書き方

▶**1　表**　はがきの表には，宛先と宛名，差出人などを書く。

①住所（企業の場合は所在地）は，郵便番号の枠にそろえるように書く。2行になるときは，1行の宛先よりやや小さめに書く。

②宛名は中央にやや大きく書く。「株式会社」宛に送る場合，宛名に略称の（株）を使ってはいけない。その会社の正式名称なので，「株式会社」ときちんと書く

③差出人の住所・名前は，**料額印面❶**の下に収まるように書く。

④字の大きさは，大きい順に宛名，宛先，差出人の住所でバランスをとる。

▶**2　裏**　はがきの裏には，主に通信文を書く。

①文字数は，1行17字程度でまとめ，8行から11行程度で書く。上下左右にある程度余白があると，読みやすくなる。

②通信文は，5W3Hに従って簡潔に書く。なお，内容が多すぎてはがきが2枚必要になる場合は，封書に変更した方が料金が安くなる。

③宛先・宛名と通信文を区別していれば，はがきの表に通信文を書くこともできる。

❶　料額印面とは，はがきの表面などにある，切手に類似する図柄が印刷されている四角形の部分のことである。

◆はがき（表）

```
┌──────────────┐
│ ┌──┐  ┌─┬─┬─┬─┬─┬─┬─┐          │
│ │料額│  │1│0│0│-│0│0│0│1│  東京都千代田区中央三一一│
│ │印面│  └─┴─┴─┴─┴─┴─┴─┘  JSコーポ二一〇六号│
│ └──┘                         │
│            田　　　　       │
│            中　　　　       │
│            太　　　　       │
│  東京都渋谷区桜丘町二一五一六 郎　　       │
│               花　様       │
│               子　様       │
│          山    様         │
│          田              │
│          愛             │
│          明             │
│  ┌─────────┐            │
│  │4│0│1│-│0│0│0│2│            │
│  └─────────┘            │
└──────────────┘
```

◆はがき（裏）

拝啓　初夏の候　田中様におかれましては　ますますご清栄のこととお喜び申し上げます

先日は結構なお祝いの品と温かいお言葉を頂戴し　心より御礼申し上げます

二人で力を合わせ田中様のようなご夫妻を目指して頑張ります

今後ともご指導ご鞭撻を賜りますようよろしくお願い申し上げます

敬具

令和〇年六月二日

2　はがきの種類

はがきには，通常はがきや往復はがき，くじ引番号付き郵便はがき（年賀はがき），エコーはがき（広告入りはがき），私製はがき❷など，さまざまな種類がある。

3　郵便はがきの交換

郵便はがきは，未使用であれば，汚損したり書き損じたりした場合，1枚あたり5円の手数料を支払って新しいはがきや切手に交換することができる。ただし，料額印面が汚損している場合は交換できない。

❷　私製はがき（第二種）の大きさは，短辺が9〜10.7cm，長辺が14cm〜15.4cm，重さ2〜6g以内である。それを超えると第一種郵便物となる。上辺に「郵便はがき」の文字を入れる。

8 封筒

1 封筒の書き方

▶1 **表** 封筒の表には，宛先と宛名，脇付けなどを書く。

①会社宛に発信する場合は，相手の部署名も記入する。

②役職名は敬称なので，「営業課長　実教太郎　様」のように記入する。

③名前は中央に大きく書く。「様」「御中」は名前よりも少し大きく書くと見栄えがよくなる。なお，「御中」は，宛名が会社・部署の場合に記入する。

④「親展」や「○○在中」などの**外脇付け**は，宛名の左側にやや小さめに書く。

▶2 **裏** 封筒の裏には，差出人などを書き，封印する。

①住所・社名・部署名は，名前よりもやや小さく書く。
②**封じ目**❶はのりで貼り付ける。
③封印として「封」「緘」「〆」のいずれかを書く。慶事では「寿」「賀」などと記入する。

❶ 封じ目は，封をしたところ。「確かに封をいたしました」という印として，「封」などを書く。したがって，のりではなくテープやステープラなどで安易に代用するのはマナー違反である。

❷ 第一種郵便物には，定形郵便物，定形外郵便物などがある。

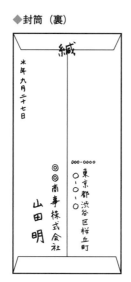

◆封筒（表）　◆封筒（裏）

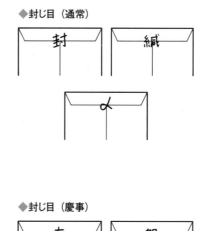

◆封じ目（通常）

◆封じ目（慶事）

❸ 信書の同封や郵便ポストへの投函も可能である。
・スマートレター…全国一律180円，A5サイズ・厚さ2cm・1kg以内。郵便受けに届く。
・レターパックライト…全国一律370円，A4サイズ・厚さ3cm・4kg以内。郵便受けに届く。
・レターパックプラス…全国一律520円，A4サイズ・厚さ不問・4kg以内。対面で受け取る。
　また，レターパックライト・レターパックプラスは，追跡サービスで配達状況を確認することもできる。

2 封筒の種類と料金

郵便局で手紙を差し出すと，**第一種郵便物**❷として扱われる。

▶1 **定形郵便物** 重さは50gまで。大きさは，最小「横9cm×縦14cm」，最大「横12cm×縦23.5cm×厚さ1cm」である。

▶2 **定形外郵便物** 定形郵便物以外の大きさの郵便物。定形郵便物と定形外郵便物の料金は異なる。重さは4kgまでの取り扱いで，大きさにも制限がある。

▶3 **郵便料金** 定形郵便物は25gまでの重さなら84円（25gを超え50gまでは94円），定形外郵便物は50gまでなら120円である。4kgまでの取り扱いで，重さにより料金が異なる。

▶4 **専用の封筒を使った郵便物**❸ スマートレター，レターパックライト，レターパックプラスなどがある。

●郵便書簡（ミニレター）はがきの3倍のスペースを持った切手付の封筒兼用の便せんで，25gまでなら63円で購入できる。

9 郵便物のサービス

1 主なオプションサービス（特殊取り扱い）

送付物の重要度や緊急性を考慮して，適切なサービスを利用する。

▶1 **速達** 急ぎの文書は**速達**にする。速達にする場合は，通常郵便物の料金と速達料金が必要となるが，通常郵便物より速やかに配達が行われる。郵便ポストに投函する場合は，封筒表面の右上部（横長のときは右側部）に赤線を入れる。封筒の左側に「速達」と書くこともある。

▶2 **書留** 重要な文書や有価証券などの書類を送る場合には，**書留**にする。書留は，郵便ポストに投函せず，郵便局の窓口で手続きをする。その際，書留郵便物受領証がもらえるため，相手方に郵便物が届かなければ，損害賠償の請求ができる。

書留には**一般書留**，現金を送る際に利用する**現金書留**，**簡易書留**がある。現金書留は，現金書留用の封筒を郵便局などで購入して手続きする。一般書留より簡易書留のほうが料金は割安だが，一般書留が実損額の賠償請求ができるのに比べ，簡易書留の場合は原則として5万円までしか請求できない。

▶3 **配達証明** 配達証明は，一般書留郵便物に限って，郵便局が配達した事実を証明するものである。商品代金の場合には，5年以内に代金を請求する権利を行使しないと，権利が消滅してしまう。そのような書類を送りたいときに利用するのが配達証明である。

▶4 **内容証明** 内容証明は，いつ，誰に，どんな内容の文書を出したかを証明するものである。クーリングオフの通知をするときなどに利用されている。クーリングオフ期間内に送付したという配達証明も同時に行うようにする。郵便局に1枚保管，相手先に1枚送付，自分の控えに1枚，計3枚の同じ書類が必要になる。書類の書き方も形式が決められている。

2 大量に発信する際のサービス

郵便物を大量に発信する際のサービスには，次のようなものがある。

▶1 **料金別納** 同じ料金の郵便物を10通以上まとめて出すときに，スタンプなどで封筒に「**料金別納**」と表示しておけば，切手を貼らずに，料金をまとめて支払うことができるサービスである。

▶2 **料金後納** 郵便物を月に50通以上出すときに，封筒に「**料金後納**」と表示しておけば，切手を貼らずに，発送した翌月末日までにその月の料金をまとめて支払うことができるサービスである。事前に郵便局の承認が必要である。

▶3 **料金受取人払い** 返信用はがきや封筒に「**料金受取人払い**」の表示をし，受取人が返信された郵便物を受け取ったときに料金を支払うサービスである。相手が返信するときには切手を貼る必要がなく，注文書やアンケートの返信などに数多く利用されている。事前に郵便局の承認が必要である。

▶4 **その他** 同一種類の郵便物を一度に1,000通以上出すときや，1か月に3,000通以上出すときなどには，その通数に応じて料金が割引になる。

◆郵便区内特別郵便物
同じ形・重量で，同じ郵便局の配達区域内だけに発着する定形郵便物・定形外郵便物のいずれかが100通以上ある場合に利用できる。料金が割引になる。

◆料金計器別納
郵便料金計器を使用し，郵便物を計器に差し込んで料金・差し出し日付などをスタンプして発送する。料金の集計は計器によって自動的に行われる。料金はあらかじめ納めておくか，後納する。

◆メール便
民間運輸業者が集荷し，配達する輸送サービスである。カタログ・雑誌などの印刷物に限られ，郵便物である信書は扱えない。取扱い業者により，料金が異なる。

◆料金後納

◆料金別納

◆料金受取人払い

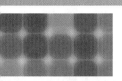

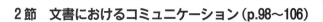

（1）　社内文書の書き方として，次のなかから<u>適切でないもの</u>を一つ選びなさい。

ア．受信者名は，職名だけにし，「様」や「殿」の敬称を付ける。

イ．社外文書よりも受信者を尊重する気持ちを込めて書く。社外文書の「お願いします」は，社内文書では「お願い申し上げます」とする。

ウ．発信者名は，職名だけにするのが一般的である。

エ．社外文書と異なり，時候のあいさつなどを述べる前文は書かない。「拝啓」「敬具」などの頭語と結語も入れない。　　　　　　　　　〈第6回試験出題〉

（2）　郵便物の特殊取扱いの「内容証明」について，次のなかから最も適切なものを一つ選びなさい。

ア．書類を急いで送るときに利用する。郵便窓口を通さずに，郵便ポストへ投函する場合は，封筒の表面上部に赤線を入れる。

イ．重要書類や有価証券などを送るときに利用する。郵便物が届かなかったり破損したりした場合には，実損額が賠償される。

ウ．請求書や督促状などを送るときに利用する。郵便物を配達したという事実を証明する。

エ．クーリングオフの通知書などを送るときに利用する。送付用と保管用，控え用の3通の書類を用意することで，どのような文書を送ったかを証明する。　　　　〈第6回試験出題〉

（3）　電子メールついて，次のなかから<u>適切でないもの</u>を一つ選びなさい。

ア．送信した電子メールを相手が読んだか読んでいないかの確認が容易にできる。

イ．相手がオフィスにいるかいないかに関わらず，直接用件を残すことができる。

ウ．同じ内容の電子メールを複数の相手に同時に送信することができる。

エ．受け取った電子メールをそのまま他者へ転送することができる。　　〈第9回試験出題〉

（4）　下記の得意先への社外文書（一部）について，文中の①〜③に入る語句の組み合わせとして，次のなかから最も適切なものを一つ選びなさい。

（省略）
ご　入　金　の　御　礼

拝啓　平素より格別の（　①　）を賜り，厚く御礼申し上げます。

　さて，このたびの納品につきましてご請求申し上げましたところ，早速のご入金をいただき誠にありがとうございました。つきましては（　②　）を同封させていただきましたので，ご査収のほどよろしくお願い申し上げます。

　なお，今後とも多少にかかわらず（　③　）のほどお待ちいたしております。

　　　　　　　　　　　　　　　　　　　　　　　　　　　　　　敬　具

ア．①　ご高配　　　　　②　領収書　　　　　③　ご用命

イ．①　ご健勝　　　　　②　請求書　　　　　③　ご用命

ウ．①　ご高配　　　　　②　請求書　　　　　③　ご理解

エ．①　ご健勝　　　　　②　領収書　　　　　③　ご理解　　　　〈第12回試験出題〉

8 面接

1 一般的な面接試験の概要　2 質問事項　3 面接の練習と評価

※検定試験に面接は課されていませんが，就職試験や入学試験などの実際の面接試験の対策^{たいさく}として本章を掲載しています。

1 一般的な面接試験の概要

1 面接時のマナー

面接の際^{さい}には，面接官の質問の意図^{いと}を把握^{はあく}し，的確^{てきかく}に答えられるかが大切である。しかし，面接で評価されるのはそれだけではない。第一印象^{だいいちいんしょう}を決定づける身だしなみや挨拶^{あいさつ}，立ち居振る舞^{いふるま}いやしぐさといった動作や態^{たい}度^ど，また，話し方や敬語^{けいご}の使い方など，ビジネスの場面と同じように，社会人にふさわしいマナーが身についているかが評価される。ここでは，面接時のマナーについて学習する。

1 服装や身だしなみのマナー

基本的^{きほん}に，面接時の服装^{ふくそう}は制服^{せいふく}であるが，身だしなみについては清潔感^{せいけつ}が第一である。髪型^{かみがた}はもちろん，制服のしわなどにも気を配ることが大切である。面接前^{けしょう}には，化粧室の鏡の前で再確認^{さいかくにん}する。

2 入室前のマナー

面接を待っている間のマナーも大切である。うろついたり，大きな声で話したり，携帯^{けいたい}電話をいじったりしないように気をつける。携帯電話の電源^{でんげん}は切っておく。

3 入室時のマナー

個人面接^{こじんめんせつ}の際は，ノックをして「どうぞ」と声がかかった後，「失礼いたします」と挨拶をして入室する。集団面接^{しゅうだんめんせつ}の場合は，ドアがあらかじめ開いていたり，係の人がドアを押^おさえて受験者を誘導^{ゆうどう}することがあるが，その場合も，一人ずつ「失礼いたします」という挨拶を忘^{わす}れずに入室する。最初の挨拶と入室の動作が第一印象を決定づけるので，さわやかに，きびきびとした態度で臨^{のぞ}む。

◆男女の身だしなみの例

清潔で，高校生らしい髪型にきちんととかす

●無精ひげをそる

眉毛は細すぎないピアスの穴に注意

●白い清潔なシャツ

フケに注意

●ネクタイをきちんと結ぶ

校章をきちんとつける

ボタンはきちんとつける

ポケットに携帯電話は入っていないか

そで口は汚れていないか

●ズボンは腰の位置でとめる

つめは切る

●ズボンは太すぎない，細すぎない

プレスする

●すそはすり切れていないか

●くるぶしソックス，柄ソックスははかない

靴のかかとに折った跡がないか磨いてあるか落ち着いた型のものか（黒が無難）

●顔に髪がかからないようにする

●メイクは不可

●白い清潔なシャツ（ボタンは一番上までとめる）

●リボンはまがらないように上まで上げる

●マニキュアはしない

●スカートは短すぎない

その他
カバンは学生らしいものを持つ（汚れたカバンは不可，飾りは取る）

◆ 入室時のマナー　※ここでは個人面接の場合について説明する。

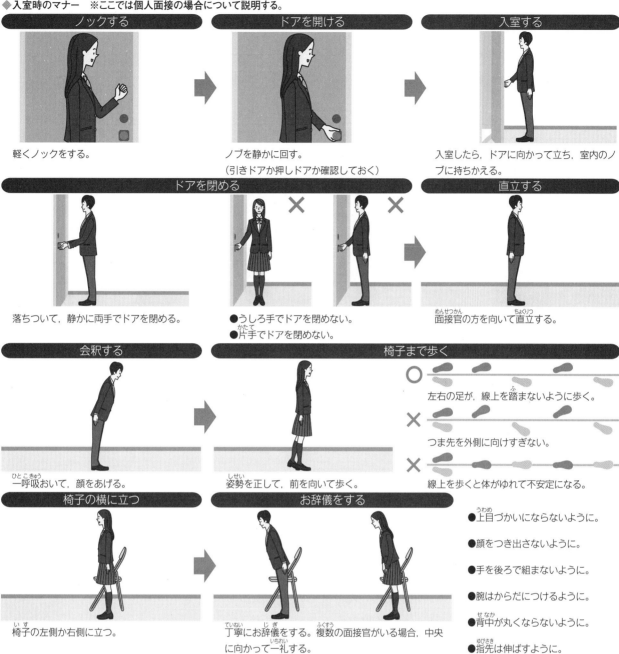

ノックする	ドアを開ける	入室する
軽くノックをする。	ノブを静かに回す。 （引きドアか押しドアか確認しておく）	入室したら，ドアに向かって立ち，室内のノブに持ちかえる。

ドアを閉める		直立する
落ちついて，静かに両手でドアを閉める。	●うしろ手でドアを閉めない。 ●片手でドアを閉めない。	面接官の方を向いて直立する。

会釈する	椅子まで歩く	
一呼吸おいて，顔をあげる。	姿勢を正して，前を向いて歩く。	○ 左右の足が，線上を踏まないように歩く。 × つま先を外側に向けすぎない。 × 線上を歩くと体がゆれて不安定になる。

椅子の横に立つ	お辞儀をする	
椅子の左側か右側に立つ。	丁寧にお辞儀をする。複数の面接官がいる場合，中央に向かって一礼する。	●上目づかいにならないように。 ●顔をつき出さないように。 ●手を後ろで組まないように。 ●腕はからだにつけるように。 ●背中が丸くならないように。 ●指先は伸ばすように。

4 挨拶 ··

　椅子の横に立ったら，学校名，氏名とともに「よろしくお願いします」と元気よく挨拶する。「どうぞお掛けください」と勧められてから着席する。

◆ 挨拶

名乗る	椅子に掛ける	足の運び方
		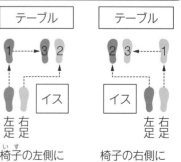
学校名と名前を言う。 「○○高校から参りました受験番号□□番△△△△です。よろしくお願いいたします。」	●「どうぞ」と勧められたら，返事をして着席する。 ●背筋をピンと伸ばして，深く掛ける。	椅子の左側に立った場合　椅子の右側に立った場合 ●上記の足の運び方は，「スリーステップ」（→p.9）と呼ばれる。

5　面接中の姿勢，態度··

面接中は，次の点に注意する。

・椅子になるべく深く腰掛け，背筋を伸ばし，姿勢よく座る。

・手は，男子の場合は軽く握って腿の上にのせ，女子の場合は指先を伸ば
して腿の上で軽く合わせる。

・足や手をむやみに動かしたり，髪を触ったりしない。

・面接中は質問者の方に顔を向け，相手の目を見ながら話すようにする。

・他の受験者が発言している際も，きちんとした態度で聞くように心掛け
る。

◆面接中の姿勢

●落ち着いて，自信を持って応答する。
●面接官が複数の場合，質問者にからだ
を向けて答える。

◆面接中に注意すること

椅子の背にもたれ かからない。	モジモジしない。	顔や髪に手をやら ない。	腕や足を組まない。
キョロキョロ視線 を動かさない。	舌を出さない。	下ばかり向かない。	衣服をいじらない。

6　退室時のマナー··

面接官から「これで面接は終わります」と言われたら，「はい」と言って
立ち上がり，椅子の横に立ってから，「ありがとうございました」と言って
礼をする。集団面接の場合は，最初に入室した人から順番に挨拶をして，最
初に入室した人から退出するが，会場の都合や面接官の指示に従って臨機
応変に対応する。退室する際には，「失礼いたしました」と挨拶して退室す
る。最後まで気を抜かず，きびきびと行動する。

◆退室時のマナー

起立する	お辞儀をする	退室する
「これで面接は終わります」と言われた ら，返事をして椅子の横に立つ。	椅子の横に立ったら「ありがとうございま した」とお礼を言い，お辞儀をする。	●ドアの前まで行き，「失礼い たしました」と言い，再度 お辞儀をしてから退室する。 ●控え室に戻ってからは，指 示があるまで静かに待つ。 ●帰るときは必ず係の人に 「ありがとうございました」 と言う。

2　受け答えと話し方

1　基本的な話し方……………………………………………………

　面接時には緊張してしまうことも多いが，明るく元気な声で，はきはきと受け答えをするように心掛ける。特に，次の点に注意する。

・笑顔を絶やさず，面接官の目を見て話すようにする。

・「です」「ます」調で話し，「〜ですよね」「〜じゃないですか」などの馴れ馴れしい口調や語尾を伸ばした話し方は避ける。

・自分のことは「わたし」という。

・「はい」と言ってから答えると，落ち着いて話すことができる。「はい，私の長所は…」のような言い方である。

・暗記してきたことをそのまま話すような話し方は避け，考えてきた内容の要点を自然な形で話す。

・集団面接の場合は，自分が言おうとした内容を先に言われてしまうこともある。その場合は，「〇〇さんと重なりますが」「〇〇さんも言っていたように」とことわってから話すとよい。

・丁寧語を使用し，自分や家族のことはへりくだって謙譲語を使う。

・「部活動」を「部活」と略したりしないように気をつける。

・「言わせていただきます」を「言わさせていただきます」というような，「さ入れ言葉」は使わない。

2　敬語や言葉の知識……………………………………………………

　原則は丁寧語を使用し，場合に応じて尊敬語，謙譲語を使い分ける。次の動詞については再確認し，普段から礼儀正しい言葉遣いで話す練習をしておくとよい。

普通語	尊敬語	謙譲語	丁寧語
言う	おっしゃる	申す，申し上げる	言います
行く，来る	いらっしゃる，おいでになる，お見えになる，お越しになる	参る，伺う	行きます，来ます
いる	いらっしゃる，おいでになる	おる	います
思う	思われる，お思いになる	存じる	思います
する	なさる	いたす，させていただく	します
見る	ご覧になる	拝見する	見ます
来る	お越しになる	伺う，参る	来ます
する	なさる	いたす	します

◆家族のことを言うときは謙譲語を使う

○　父が申しております。

×　父がおっしゃっています。

◆さ入れ言葉を使わない

○　休ませていただきます。

×　休まさせていただきます。

2 質問事項

　ここでは，面接試験で問われる内容について準備をする。面接試験では内容だけでなく，身だしなみ，態度，言葉遣いなども評価の対象となるため，日ごろから意識して行動するとともに，面接練習をしておくとよい。

　また，「部活動を頑張りました」「明るい性格です」などの抽象的な表現は避け，エピソードを交えて話すように心がける。過去に面接試験を受けた先輩の記録を見たり，自分で質問事項を考えたりして，臨機応変に答えられるように準備をしておくとよい。

1 自己紹介

　自己紹介の際には，名前やあいさつをはっきりと感じよく言うことで第一印象をよくするように心がける。また，趣味や，所属する部活動や委員会，務めている役職，部活動やその他の活動から得られた能力や特性，自分の性格面の長所など，自己ＰＲにつながる内容を簡単にまとめるとよい。最後に「よろしくお願いします」で締めくくり，<u>30秒以内</u>でまとめる。

①次のa～cの内容についてまとめてみよう！

　　a.自分が所属している団体や務めている役職とその活動
　　　　例）・バレーボール部でマネージャーとして練習メニューなどを考えた。
　　　　　　・文化祭の実行委員としてクラスの文化祭のリーダーを務めた。
　　　　　　・ボランティアで小学生にサッカーを教えている。

　　　　_____
　　　　_____
　　　　_____

　　b.自分の長所
　　　　例）・何事もコツコツと取り組む事が得意。　　・明るく社交的で，人と話すことが好き。

　　　　_____
　　　　_____
　　　　_____

　　c.趣味に関すること
　　　　例）・読書が趣味で，ミステリーが好き。　　・音楽が好きで，バンドを組んでいる。

　　　　_____
　　　　_____
　　　　_____

②上記a～cの内容から，あなたの長所をふまえて30秒程度の自己紹介にまとめてみよう！

　　　　例）　実教花子です。高校では軟式テニス部に所属し，部長を務めています。毎日朝早くから夜遅くまで練習
　　　　　　に励んでいますので，体力と根性には自信があります。よろしくお願いします。

　　　　_____
　　　　_____
　　　　_____
　　　　_____
　　　　_____

2 高校生活に関すること

以下のような観点から書いてみよう！
- ・高校生活で一番力を入れたこと，頑張ったこと
- ・学習や部活動，係の活動で頑張ったことと成果
- ・授業を受ける際に，心掛けていること

例） 高校3年間で一番力を入れたことは，吹奏楽部の活動です。私はホルンパートのパートリーダーを務めました。リーダーとして，どうしたらよりよい音になるかを考えて練習方法を提案し，コンクール前には皆の気持ちが一つになるように声かけなどを心がけました。パートリーダーを務めたおかげで，責任感や，問題に対して改善案を考える姿勢が身に着いたと思います。

_____
_____
_____
_____
_____
_____

3 個人に関すること（興味・関心，性格など）

以下のような観点から書いてみよう！
- ・最近のニュースや出来事で，興味・関心があることは何か
- ・自分の長所や短所は何か

例） 私の長所は，目標に向けてコツコツと取り組めることだと思います。高校に入学した時にできるだけ多くの検定試験に合格したいと考え，努力を重ねた結果四つの検定で1級を取得することができました。検定の勉強をする中で，計画性や諦めずに努力することの大切さを学ぶことができました。今後も，様々な目標に向け努力していきたいです。

_____
_____
_____
_____
_____
_____

4 将来に関すること

以下のような観点から書いてみよう！
- ・夢は何か
- ・将来就きたい仕事は何か
- ・将来どんな社会人になりたいか

例） 私は将来ブライダルコーディネーターになり，新郎新婦だけでなく，家族や参列したすべての人を笑顔にできる仕事をしたいと考えています。晩婚化や地味婚などの課題もありますが，より多くの人が結婚式を挙げたいと考えるような式を考えたいです。

_____
_____
_____
_____
_____
_____

面接の練習と評価

　面接は自分自身のプレゼンテーションの場である。面接官がどのような答えを求めているかということを考え，自分のよさが伝わるように，はっきりとした口調で答えるようにする。面接で緊張してしまう人もいるが，プレゼンテーションと同じようにしっかりと準備をしておけば，それが自信となって落ち着いて答えることができる。友達とお互いに面接練習をし，良い点や悪い点を指摘しあうとよい。

　次の評価票のポイントを確認し，実際に面接練習をして，お互いに評価してみよう。

A（優れている）　B（普通）　C（劣っている）

（1）身だしなみ，態度，動作	
ア　服装，頭髪（清潔感があるか）	A・B・C
イ　最初と最後のあいさつ（礼儀正しいあいさつができるか）	A・B・C
ウ　表情（表情が生き生きしているか）	A・B・C
エ　姿勢（姿勢がきちんとしているか）	A・B・C
オ　動作（動作が落ち着いているか）	A・B・C
（2）話し方	
ア　ことばの明瞭さ（大きい声ではっきりと話しているか）	A・B・C
イ　ことば遣い（適切な敬語を使えるか）	A・B・C
ウ　話し方（適度なスピード，イントネーション，間があるか）	A・B・C
（3）話の内容	
ア　内容の適切さ（質問に対する内容になっているか）	A・B・C
イ　内容の構成（わかりやすく適切な時間で組み立てているか）	A・B・C
ウ　表現の適切さ（適切に表現しているか）	A・B・C

9 ビジネスに関する時事用語&一般常識

◆経済・国際分野　◆オフィス分野　◆社会全般分野　◆就職・雇用分野

　ビジネスの場でコミュニケーションを円滑に進めていくためには，日頃から**時事用語**や**一般常識**とされる用語，**就職・雇用**に関する用語などを知っておく必要がある。

◆ 経済・国際分野

□	インバウンド（Inbound）	一般的に外国人の訪日旅行の意味で使われることが多い。これに対し，日本から外国へ出かける旅行をアウトバウンド（Outbound）または海外旅行という。
□ □	インフレーション（インフレ） デフレーション（デフレ）	物価が持続的に上昇する状態のこと。反対に，物価が下落し続ける状態をデフレーションと呼ぶ。
□	外国為替	通貨が異なる国際間の支払いと受け取りを，現金を輸送することなく，金融機関の間の決済に振り替える方法をいう。
□	会社法	商法・有限会社法・商法特例法に分かれていた規定を統合して，2006年5月から施行された法律。
□	仮想通貨	決済手段として用いることができるが，紙幣や貨幣といった実体を持たず，国家などによって価値を保障されていない通貨。「ビットコイン」などが有名。これに対して，国家などが価値を保障している一般の通貨を「法定通貨」という。
□	為替相場（為替レート）	自国通貨と外国通貨の交換比率のこと。
□	経済主体	政府・家計・企業の三つ。
□	経済成長率	GDPの1年間の増加率のこと。なお，物価の変化を調整した成長率を実質成長率といい，調整しないままの成長率を名目成長率という。
□	国債	政府が行う借金で，いずれ利子を含めて返済する必要がある。建設国債・赤字国債などが発行されている。
□	国際収支	外国との1年間の経済取引の結果を貨幣額であらわしたもの。
□	国民所得	1年間に一国において，個人や企業が新しく生み出した所得の合計。生産・分配・支出の3面からとらえることができ，それらの額は全て同じになる。
□	財政（三つの役割）	政府が行う経済活動を財政という。その役割には，①道路や公園など「公共財の供給」，②国民の所得格差を是正する「所得の再配分」，③景気の動きを調整する「経済の安定化」がある。
□	歳入・歳出	政府の収入を歳入，支出を歳出という。
□	三大生産要素	商品を生産するために必要な「土地」「資本」「労働力」という三つの要素のこと。生産の三大要素ともいう。
□	市場	経済主体の間で「商品」「労働」「貨幣」の自由な売買・取引が行われており，これらの場をそれぞれ「商品市場」「労働市場」「金融市場」と呼ぶ。
□	タックスヘイブン （tax haven）	所得に対する課税がゼロか極端に低い租税回避地・低課税地域のことで，ケイマン諸島やパナマなどが有名。富裕層や多国籍企業などが所得税や法人税の節税を図ったり，税逃れをしたりする目的で利用しているとされている。
□	独占禁止法	寡占（独占）市場でみられる，企業間の価格操作や過剰な広告・宣伝を防ぎ，公正な競争を進めるために制定された法律。公正取引委員会が監視にあたる。
□	日本銀行（日銀）	日本における中央銀行。①一般の市中銀行と取引をする「銀行の銀行」，②政府資金の出し入れを行う「政府の銀行」，③紙幣（日本銀行券）の発行ができる「発券銀行」といった役割をはたす。

☐	フェアトレード	発展途上国からの輸出品を通常の貿易よりも高めに設定した価格で継続的に取引し、生産地の自立を促す考え方や運動。1960年代にヨーロッパから始まった。
☐	APEC （アジア太平洋経済協力会議）	アジア・太平洋地域の開かれた経済協力をめざして発足した地域協力組織。日本も加盟している。
☐	EU（欧州連合）	ヨーロッパ統合の流れのなかで1993年に発足した地域連合のこと。発足以来、加盟国は増加傾向にあったが、イギリスでは2016年の国民投票で離脱意思が過半数となり、2020年にEUから離脱するなど、新たな動きも見られる。
☐ ☐	FTA（自由貿易協定） EPA（経済連携協定）	関税や輸入数量制限を取り除くなど、貿易の自由化について国と国、または複数の国の間で結ばれる協定。貿易以外にも幅広い分野での連携強化を対象とする協定がEPAである。
☐	GDP（国内総生産）	1年間に国内で生産された生産物の価格から、原材料費などの中間生産物の価格を差し引いた付加価値（新たに生み出された価値）の総額。
☐	IMF（国際通貨基金）	国際通貨の安定や国際的な金融協力を目的に設立された国際協力機関のこと。
☐	LCC（格安航空会社）	サービスの簡素化や経費削減などにより、格安な運賃で運行する航空会社のこと。国内では、2012年より3社が営業を開始した。
☐	RCEP（アールセップ）	地域的な包括的経済連携協定のこと。日本や中国、韓国、オーストラリア、ニュージーランドとASEAN加盟10カ国の計15カ国による自由貿易協定である。
☐	WTO（世界貿易機関）	自由貿易の推進と貿易紛争の調停を目的とする国際機関のこと。

◆ オフィス分野

☐	アウトソーシング （業務委託）	企業が業務の一部を、企業外の専門業者に委託すること。企業にとっては委託した業務に関わるコストを削減できる利点がある。従来は、システム関連の業務の委託が多かったが、近年では委託される業務は多岐にわたっている。
☐	アサーション	よりよい人間関係を構築するために、相手を尊重しながら、自分の主張をしっかりと伝えるコミュニケーションの方法。
☐	インセンティブ	社員の意欲を引き出すために行う施策のこと。業務の目標の達成度に応じて報酬を変動させるなど、金銭的な報酬の幅を提示することで、個々の社員がより意欲的に業務に取り組むようにさせる場合が多い。
☐	インボイス制度	正式名称を「適格請求書等保存方式」といい、現行の請求書に登録番号や税率・税額を追加した「適格請求書（インボイス）」を導入し、売り手が買い手に対して正確な適用税率や消費税額等を伝える制度。2023年10月から施行された。
☐	クーリングオフ	一定期間内に書面で通知をすれば、売買契約の解除ができる制度。店舗で購入したものや、通信販売で購入したものなどはクーリングオフできない。
☐	クラウドコンピューティング	ソフトウェアやデータなどを、インターネット上のサーバから提供されるサービスとして利用する、パソコンやスマートフォンなどの利用方式。インターネットが利用可能であれば、どこでもサービスを受けることができる。
☐	コストパフォーマンス （コスパ）	業務や作業を実行するために支出した費用と、それらから得られた成果の対比のこと。費用対効果ともいう。「コストパフォーマンスが高い」とは、支出した費用に対して、得られた成果が大きいことをいう。
☐	サブスクリプション （サブスク）	商品やサービスの利用期間に応じて、期間ごとに一定額の料金を支払う価格設定のこと。音楽や動画の配信、ソフトウェアやクラウドサービスの利用のほか、車や家電の販売、レストランの飲食提供などでも導入の動きが広がっている。
☐	サプライチェーン	商品が、生産・物流・販売などを経て消費者に届くまでの一連の流れのこと。これを管理することをサプライチェーンマネジメントという。
☐	スメルハラスメント （スメハラ）	その人の体臭や口臭などの臭いにより、周囲の人物に不快感を与えることである。臭いによるハラスメントであり、本人に自覚が無い場合が多い。

☐	知的財産権	著作物やデザイン，発明などの知的生産活動に対して認められる権利で，著作権，特許権，実用新案権，意匠権，商標権などの総称。知的所有権ともいう。
☐	直行・直帰 （ちょっこう）（ちょっき）	自宅から普段の勤務先に行かずに，直接仕事先に行くことを直行，仕事先から勤務先に戻らずに，直接自宅に帰ることを直帰という。始業間際や終業間際のアポイントが社外である場合は，直行・直帰が許可されることが多い。
☐	パワーハラスメント （パワハラ）	同じ職場で働く者に対して，職務上の地位などの優位性を背景に，業務の範囲を超えて，精神的・身体的苦痛を与えたりする行為。社会問題化している。
☐	フィードバック	実施された業務の結果や成果を，その業務の関係部署や関係会社に伝えること。たとえば，販売促進のキャンペーンでは，キャンペーンの実施に関わった部署や会社に，どれだけの効果があったのか，その結果や成果を伝える。
☐	ブラッシュアップ	ブラッシュアップには，「磨きをかける」「より良くする」などの意味があり，ビジネスの世界では，一度検討したアイディアや提案・資料などを個人または複数人で再検討することで，内容をさらに良いものにする作業のことを指す。
☐	ベンチャー企業	高度な専門知識や技術力を生かし，新しい事業を行う中小企業のこと。近年はICTや半導体などの先端分野のみならず，他分野にも拡大している。
☐	ペンディング	保留し，結論を先送りにすること。会議などで簡単に出席者の合意が得られない議題などは，その日は結論を出さずに，日を改めて結論を出す場合がある。
☐	ユニバーサルデザイン	健常者（けんじょう）・障がい者を問わず，すべての人が使いやすいように設計されたデザインのこと。
☐	レジュメ	要約のこと。会議や講演などにおいて，出席者が議題や論旨をより明確に理解できるようにするため，運営者が事前に用意し，配布する場合が多い。なお，同様の意味で使われる用語として，「サマリー」がある。
☐	ワークシェアリング	雇用の安定のために，従業員1人あたりの労働時間を減らし，その分で他の従業員の雇用を守ったり，雇用を増やしたりする取り組みのこと。
☐	ワークライフバランス	仕事（ワーク）と生活（ライフ）の調和のこと。近年，働く人々が仕事に追われて心身が疲弊してしまい，生活の中で心の豊かさを実感できない事象が多くみられるようになったため，ワークライフバランスの実現が重要視されている。
☐	CEO（最高経営責任者）	アメリカ型の企業において，経営実務上の権限と責任を有する者。
☐	CI（Corporate Identity）	企業の特徴や独自性が顧客に伝わるように，全社・全事業を通じてイメージの統一を図る企業戦略のこと。社名，ロゴマーク，商品コンセプトなどの一貫性を維持することで，企業のブランド力を高めることができる。
☐	e-コマース（電子商取引）	インターネットを利用して行われる商取引。企業間取引（BtoB），企業対消費者間取引（BtoC），消費者間取引（CtoC）に分類することができる。
☐	M&A	企業が，他の企業を合併（がっぺい）・買収すること。

◆ 社会全般分野

☐	インフルエンサー	世間に与える影響力が大きい人物のこと。SNSで多数のフォロワー数を抱え，その発言などが大きな影響力を持つ有名人などを指すことが多い。
☐	介護保険法	介護を要する高齢者に，社会保険方式による保健・医療・福祉サービスを提供することを定めた法律。2000年からスタートした。
☐	環境税（地球温暖化対策税）	二酸化炭素の排出を抑制（よくせい）するため，2012年10月から石油石炭税に上乗（うわの）せする形で導入された税金。
☐	キャッシュレス決済	お札や小銭などの現金を使わずに代金を支払うこと。電子マネーやデビットカード，クレジットカード，スマートフォンでのQRコード決済などがある。
☐	高齢社会	全人口に対して，65歳以上の人口が14%以上を占める社会。日本では，1994年に14%を超えた。

☐ 再生可能エネルギー	石油・石炭など限りがあるエネルギーに対して，資源が枯渇せず繰り返し使えるエネルギーのこと。太陽光・風力・水力・地熱などがある。
☐ サイバー攻撃	インターネットなどを利用して，標的のコンピュータやネットワークに不正に侵入し，データを盗んだり，破壊・改ざんを行い，機能不全に陥らせること。
☐ 情報リテラシー ☐ メディアリテラシー	多くの情報から必要な情報を選び，真偽を見極め，活用する能力のこと。テレビ・新聞などのメディア情報を見極める能力をメディアリテラシーという。
☐ ステルスマーケティング （ステマ）	実際は事業者の広告であるのに，第三者（芸能人や著名人，インフルエンサーなど）に依頼して感想や意見のように見せかけ，広告であることを隠すこと。消費者を誤認させ，合理的な商品選択を妨げる恐れがあり，法規制の対象となった。
☐ スマートグリッド	需要側と供給側の両方から電力の流れを制御し，使用量と発電量のバランスを最適化する送電網のこと。次世代送電網ともいう。
☐ 生活保護制度	国が，生活に困窮するすべての国民に対して最低限度の生活を保障するとともに，その自立を助長することを目的とする制度。
☐ ソーシャルメディア	インターネット上で，ユーザーが情報を双方向に交換することで形成される社会的要素を含んだメディアのこと。フェイスブック，エックスなど多数ある。
☐ ドローン	遠隔操作や自律制御によって無人で飛行する航空機の総称。日本では，空中撮影や観測に利用される小型のマルチコプター（回転翼機）をさすことが多い。近年急速に普及が進んでいるが，法整備が追いついていないという問題がある。
☐ 発光ダイオード（LED）	電球などに比べ小型で寿命や消費電力などの面で省エネ性に優れ，照明器具などでの利用が広まっている半導体。LED は Light Emitting Diode の略。
☐ バリアフリー	障がい者や高齢者にとって不便な障壁（バリア）を取りのぞく考え方。たとえば，路上の段差の解消や，階段のかわりのゆるやかなスロープなどがある。
☐ パンデミック	新型コロナウイルス感染症など，感染症の世界的大流行のこと。
☐ フィッシング（phising）	実在の銀行やクレジットカード会社を装い，メールで偽のサイトに誘導し，暗証番号やクレジットカード番号などを不正に入手する行為。
☐ ブラック企業	サービス残業，パワハラ，退職の強要といった，違法で悪質な行為が横行している会社。悪質な行為の対象は，正社員のみならず，アルバイトや派遣社員などの非正規雇用者にも及んでいる。
☐ マイナンバー制度（法）	国民一人ひとりに12桁の固有の番号を割り振り，所得や社会保障などの個人情報をまとめて管理する制度。番号の一元化により，行政手続きがスムースになるなどのメリットもあるが，情報保護などの観点から問題も指摘されている。
☐ レアメタル	希少金属のことで，ハイテク製品に不可欠とされる。このなかで，希土類元素のグループをレアアースという。
☐ ワーキング・プア	フルタイムやそれに近い状態で働いているにもかかわらず，収入が低く生活保護以下もしくはそれに近い水準での生活を余儀なくされている「働く貧困層」。
☐ 18歳選挙権	2015年6月の公職選挙法の改正で，選挙権年齢がこれまでの「20歳以上」から「18歳以上」に引き下げられた。新たに有権者に加わった18歳と19歳は，240万人で，2016年時点の全有権者の2％に相当する。
☐ 3R（スリーアール）	廃棄物の発生抑制（Reduce），再利用（Reuse），再資源化（Recycle）の頭文字を取った，循環型社会に関するキーワード。
☐ NPO（非営利組織） ☐ NGO（非政府組織）	政府や企業が供給できないサービスを主体的に提供する営利を目的としない民間組織。なお，NGO も非営利・非政府の組織だが，国際的な問題解決に取り組む組織をさすことが多い。
☐ SDGs （エス・ディー・ジーズ）	2015年9月の国連サミットで採択された「持続可能な開発のための2030アジェンダ（行動計画）」にて記載された，2030年までに持続可能でよりよい世界を目指す国際目標のこと。17のゴールと169のターゲットから構成されている。

◆ 就職・雇用分野

☐	インサイダー取引	企業の内部関係者などが，株価に影響を与えるような未公開情報を利用して行う違法な株取引。
☐	企業倫理	企業が社会の一員として持つべき良心のこと。
☐	経営理念	ビジネスを通して社会で達成したい理想や目標のことで，従業員の行動指針となるもの。
☐	公益通報者保護法	企業の不正などを内部告発した労働者を不利益な取り扱いから保護する法律。
☐	コーポレートガバナンス	企業がコンプライアンスを重視し，一部の経営者や従業員の判断だけで企業活動が行われないように監視する取り組みや，組織作りの体制のこと。企業統治ともいう。
☐	雇用契約	従業員が労働力を提供するかわりに，企業がその労働に対して賃金を支払うことを約束する契約。
☐	雇用保険	失業や雇用継続に関する保険で，失業時の現金給付や育児休業，介護休業中の所得補償がある。保険料は企業と従業員本人で負担する。
☐	コンプライアンス	狭義には企業が法律などの規則を守ることをいい，法令遵守と訳されることもあるが，広義には，企業倫理や，社会全体の利益を追求する考え方も含めたことを指す。
☐	CSR	Corporate Social Responsibility の略語で，企業が社会の中で果たしている役割のこと。企業の社会的責任ともいう。
☐	就業規則	使用者が労働基準法等に基づき，始業や終業の時刻，休憩時間，休日，休暇などに関する事項や，賃金や退職に関する事項など，労働条件に関する事項を，労働者の意見を聞いて定めた規則。
☐	男女雇用機会均等法	募集，採用，配置，昇進，降格，教育訓練，福利厚生，職種・雇用形態の変更，退職の勧奨，定年，解雇，労働契約の更新などに関し，性別を理由とする差別を禁止する法律。正式名称は雇用の分野における男女の均等な機会及び待遇の確保等に関する法律。
☐	テレワーク（telework）	ICT（情報通信技術）を活用した，時間や場所にとらわれない柔軟な働き方のことで，tele（離れた所）で work（働く）という意味。在宅勤務，モバイル勤務，サテライトオフィス勤務などの形態がある。テレワークでは，各種のWeb会議（ビデオ通話）システムが活用されている。
☐	同一労働同一賃金	同一企業における正規雇用労働者と非正規雇用労働者との間の不合理な待遇差の解消を目指すもので，業務内容や責任に明確な違いがない場合に，正規雇用労働者と非正規雇用労働者との間に待遇差をつけることを禁止するもの。
☐	年末調整	1年間で源泉徴収された所得税の過不足を調整する仕組み。
☐	福利厚生制度	従業員の福祉や労働意欲の向上のために，賃金とは別に，企業が従業員及びその家族に対して行う施策のこと。
☐	労働関係調整法	労働関係の公正な調整を図り，労働争議を予防，解決することを目的にした法律。
☐	労働基準法	労働者が健康で文化的な人間らしい経済生活を行うための最低限の労働条件を定めた法律。
☐	労働組合法	憲法で保障された労働三権（団結権，団体交渉権，争議権）を労働者に保障するための法律。
☐	労働者派遣法	派遣労働者の地位や権利を守り，派遣労働者を保護する目的で制定された法律。正式名称は労働者派遣事業の適正な運営の確保および派遣労働者の保護等に関する法律。

10 総合問題

1 次の文章を読み，問いに答えなさい。

　社員Aは子どもの頃から家造りに携わる仕事をしたいと考えていた。就職先の全商ホームでは，①パートタイムの主婦，外国籍の方，障がいのある方なども社員として一緒に働いており，和やかな雰囲気の職場である。ある日，全商ホームの住宅展示場に家族連れ（父親・母親・子ども）が見学にやってきた。

社員A：「いらっしゃいませ」
父　親：「こんにちは。新築を考えているのですが，見学をしてもよろしいですか」
社員A：「はい。どうぞご自由にご覧ください。何かございましたら，お気軽にお声掛けください」
母　親：「子どもが遊べるスペースはありますか」
社員A：「はい。２階にキッズスペースがございますので，ご利用ください」
母　親：「ありがとうございます」
社員A：「②滑り台や絵本がたくさんあるから，いっぱい楽しんでいってね」
子ども：「うん。ありがとう」

　家族３人はしばらくの間，リビングやキッチン，書斎やキッズスペースなど展示場内の各箇所を回りながら見学していた。

母　親：「すみません。全商ホームの一番の売りは何ですか」
社員A：「はい。私どもの一番の売りは，震度７でも崩れない耐震構造です。何度も自社実験を行った結果であり，地震の際も安全な住まいを提供できると自負しております」
父　親：「それは安心ですね。ところで，近くにある山の手工務店との違いは何ですか」
社員A：「山の手工務店さんとの違いですか・・・。えっと・・・。それはですね・・・」
父　親：「どこで契約をするか迷っていて，ちょっと聞いてみただけなので③もう結構です」
社員A：「申し訳ございません」

　家族３人は再び見学を行い，最後にアンケートの記入をした。

父　親：「ありがとうございました。家に帰って検討をしたいので，性能や外壁，設備などについての資料をいただけますか」
社員A：「こちらこそ本日はご来店いただき誠にありがとうございました。かしこまりました。資料を確認して参りますので，少々お待ちください」

社員Aは資料の在庫を確認したが，全くない状態だった。

社員A：「申し訳ございません。ただいま資料を切らしておりますので，＿＿＿＿④＿＿＿＿」
父　親：「では，お願いします」

話が終わった後，社員Aは⑤来場者特典として粗品を手渡して，お見送りをした。

問　題
（1）　下線部①のように，性別や国籍，障がいの有無などにとらわれず，多様な人々が共存している状態を何というか。次のなかから最も適切なものを一つ選びなさい。
　ア．パブリシティ　イ．ユニバーシティ　ウ．スマートシティ　エ．ダイバーシティ

（2）　下線部②より，子どもへの対応をする際に，社員Aが心掛けるべきこととして，次のなかから最も適切なものを一つ選びなさい。
　ア．どこにいても声が届くようにするために，常に大きな声で話しかける。
　イ．親近感を持たせるために，常にキャラクターのまねをしながら話しかける。
　ウ．ひざまづくなどして，子どもに目線を合わせて優しく話しかける。
　エ．怖がらせないようにするために，必要最低限のことだけを話しかける。

（3）　下線部③のように言われないために，社員Aは日頃からどのようなことを心掛けるべきか。次のなかから最も適切なものを一つ選びなさい。
　ア．業界全体や競合他社の情報も収集して，比較，分析をした上で，自社の優位性を説明できるようにする。
　イ．客に対してこちらから一方的に説明をして，客が質問をする機会を与えないようにする。
　ウ．自社で契約をしてもらうためにも，他社の方が優れている点があっても認めず，必ず否定するようにする。
　エ．客に不信感を与えないために，根拠がなくても自分の考えで必ず答えるようにする。

（4）　下線部④について，あてはまる返答は何か。次のなかから適切でないものを一つ選びなさい。
　ア．ご自宅に郵送させていただいてもよろしいですか
　イ．ご自宅に直接お届けに伺ってもよろしいですか
　ウ．お渡しにつきましては電話で連絡する際に，ご相談させてください
　エ．これから口頭で内容をお伝えします。お手数ですがメモを取っていただけますか

（5）　下線部⑤より，自社の集客に結びつけ，他社と差別化を図っていくためにどのようなものがよいか，次のなかから適切でないものを一つ選びなさい。
　ア．受け取った人がSNSなどで紹介したくなるような，話題性のあるものにする。
　イ．子どもたちに人気のキャラクターを勝手に使用した，限定グッズを製作する。
　ウ．来場回数をポイント制などにして，回数に応じて毎回違うものにする。
　エ．自社であると一目で分かるように，会社名やロゴの入った実用的なものにする。

2 次の文章を読み，問いに答えなさい。

　　三戸洋子はスマイル電器店のカウンター業務を担当している。以下は，三戸の今日一日の仕事の様子である。

午前9時　朝礼が終わり，業務が始まった。すると，店長から指示があった。
　　　　　店長「三戸さん，今日中に顧客名簿を整理して。私は今から会議で本社に行
　　　　　　　　ってくるから，出来上がったら私の机の上に置いておいてください。」
　　　　　三戸「はい。かしこまりました。」
　　　　　さっそく作業に取りかかった。

午前10時　店長から指示された作業をしていると，電話があった。
　　　　　三戸「おはようございます。スマイル電器でございます。…船越様でいらっ
　　　　　　　　しゃいますね。いつもお世話になっております。…はい，ご注文でご
　　　　　　　　ざいますね。ありがとうございます。アイロンの…」
　　　　　そこへ，パンフレットを手に持った①お客様がカウンターにやってきた。
　　　　　お客「すみません。洗濯機のことを聞きたいんですけど…」

午前11時　②修理を依頼していたというお客様が来店した。
　　　　　お客「1週間後って言われていたので，取りに来ました。出来ていますか。」
　　　　　パソコンで確認すると，出来上がりは明日になっており，お客様が持参（じさん）され
　　　　　た引換え票の出来上がり予定日にも，明日の日付が記載（きさい）されてる。

午後1時　店長から指示された作業を続けていると，営業課長がやってきた。
　　　　　営業課長「三戸さん，お得意様の木村様に，この商品を配送してください。」
　　　　　③そう指示をすると，すぐに外出してしまった。

午後3時　今日3時に冷蔵庫を自宅へ配達予定のお客様から電話があった。
　　　　　お客「3時に配達してもらえることになっているはずだけど，まだ来ないの。
　　　　　　　　出かける予定があるから3時までにって頼んだのに，どうなっている
　　　　　　　　のかしら。」
　　　　　三戸「＿＿＿④＿＿＿」

午後5時　夕方になり，カウンターが混み合ってきた。修理代金を支払いに来店された
　　　　　お年寄りの女性客が，ゆっくりした動きで財布からお金を出していた。この
　　　　　女性客の後ろには，5人のお客様が並んでいる。すると，⑤列の後ろから，
　　　　　イライラした様子の大声が上がった。
　　　　　後ろのお客「何してるんだよ。早くしてくれよ。」

午後6時　一日の仕事を終え，明日の予定を確認して帰宅した。

問　題

（1）下線部①について，どのように応対すればよいか。次のなかから最も適切なものを一つ選びなさい。

　ア．電話の相手に来店客のことを伝え，後でこちらからかけ直すと言い，電話を切る。

　イ．電話を続けながら来店客に目で合図をし，椅子に座っていただくよう手で椅子をすすめ，少しの間待っていただく。

　ウ．電話が先にかかってきたのだから，電話の相手を優先しそのまま電話を続ける。

　エ．他のお客様に接客中の店員に対応してくれるよう身振りで知らせ，その間お客様に待ってもらう。

（2）下線部②について，どのように応対すればよいか。次のなかから最も適切なものを一つ選びなさい。

　ア．お客様に引換え票を見てもらい，勘違いであることを確認してもらう。

　イ．出来上がりはもともと明日の予定なので，明日また来てもらうよう伝える。

　ウ．修理の依頼をお客様から直接受けた担当者を呼び，その担当者に対応してもらう。

　エ．受付の段階での確認が不十分だったことを詫び，配送の手配をするなど，お客様の意向に添えるような提案をする。

（3）下線部③について，上司からの指示が重なってしまったときは，どのようにすればよいか。次のなかから最も適切なものを一つ選びなさい。

　ア．店長からの指示が先なので，店長の仕事を先にして，完了したあと課長から指示された仕事をする。

　イ．課長から指示があったときに，店長からも仕事の指示があることを伝え，どうすればよいかを確認する。

　ウ．店長からの仕事があると言って，課長からの指示を断る。

　エ．引き受けておき，事情を話して課長からの仕事は同僚に頼んでやってもらう。

（4）下線部④について，どのように応対すればよいか。次のなかから最も適切なものを一つ選びなさい。

　ア．「申し訳ございません。おそらく渋滞で遅れているのだと思います。もうしばらくお待ちいただけませんでしょうか。」

　イ．「申し訳ございません。そう言われましても，こちらではわかりかねます。」

　ウ．「申し訳ございません。また後日伺うようにいたしましょうか。」

　エ．「申し訳ございません。すぐに確認いたしまして，折り返しご連絡いたします。」

（5）下線部⑤について，どのように応対すればよいか。次のなかから適切でないものを一つ選びなさい。

　ア．カウンターの中から「申し訳ございません。順番に承っておりますので少々お待ちください。」と声をかける。

　イ．手の空いている他の店員に，並んでいるお客様の応対の手伝いを頼む。

　ウ．女性客の応対に時間がかかりそうなので，大声を出したお客様に先に応対する。

　エ．すいているカウンターがあれば，そちらへお客様を誘導する。

令和5年度

第13回 ビジネスコミュニケーション検定試験

試験問題

解答上の注意

1．この問題のページはp.126からp.139までです。

2．解答はすべて別紙解答用紙（p.141）に記入しなさい。

3．解答はすべて記号で答えなさい。

4．計算用具などの持ち込みはできません。

5．制限時間は40分です。

解答用紙　p.141

1 ビジネスマナーに関する次の問いに答えなさい。

(1) 身だしなみについて，次のなかから適切でないものを一つ選びなさい。

　　ア．髪型や髪色は職場の規定を確認し，奇抜で派手なものは避けるようにする。
　　イ．スーツの形が崩れてしまわないように，ポケットには多くのものを入れないようにする。
　　ウ．職種によって望ましい服装は異なるが，周囲に不快感を与えないように意識する。
　　エ．シャツのシミやしわ，汚れは隠れていて見えなければ気にする必要はない。

(2) 「男性の身だしなみ」について，次のなかから適切でないものを一つ選びなさい。

　　ア．ネクタイの柄は小さめのものが無難であり，派手なものは避けるようにする。
　　イ．ベルトは柄がついているものや，大きいバックルなどカジュアルなものは避けるようにする。
　　ウ．カバンは書類や荷物がたくさん入る，できるだけ大きく丈夫な布製のトートバッグがよい。
　　エ．ズボンの丈はくるぶしが隠れ，靴の甲にあたらない程度の長さを目安とするとよい。

(3) 社会人としての身のこなしについて，次のなかから最も適切なものを一つ選びなさい。

　　ア．小物を持ち上げるときは，わしづかみをするのではなく，きれいに見えるように親指，中指，薬指の３本の指でつまむとよい。
　　イ．立ち姿やお辞儀のときは，自然と胸が張り，自信があるように見えるので腰の後ろで手を組むとよい。
　　ウ．物を受け渡しするときは，両手で行うと作業が中断してしまうので，片手で行うとよい。
　　エ．何かを指し示すときは，何を指しているのかがわかるように，人差し指でさすとよい。

(4) 場面に応じた挨拶について，次のなかから適切でないものを一つ選びなさい。

　　ア．取引先の担当者と久しぶりに再会したので，「ご無沙汰しております」と挨拶をして，近況報告をした。
　　イ．退社する先輩と廊下ですれ違ったので，「ご苦労さま」と挨拶をして，自席に戻った。
　　ウ．出張先から帰社したので，「ただいま戻りました」と上司に声をかけ，報告書を作成した。
　　エ．上司から明日の会議で使う資料の準備を依頼されたので，「承知しました」と答え，すぐに取り掛かった。

⑸　お辞儀について，次のなかから適切でないものを一つ選びなさい。

　ア．背筋を伸ばして胸を張った状態で，相手と目を合わせてからお辞儀をする。
　イ．傾けた上体はゆっくり起こし，頭を上げた後に相手の顔を見る。
　ウ．遠くにいる同僚と目が合ったときは，大きな声を出さずに軽く頭を下げる。
　エ．お詫びの気持ちを表すときは，頭を下げている時間を長くするよりも，繰り返しお辞儀をする。

⑹　普通語に対する尊敬語と謙譲語の組み合わせとして，次のなかから適切でないものを一つ選びなさい。

	普通語	尊敬語	謙譲語
ア	する	なさる	いたす
イ	思う	思われる	存じる
ウ	行く	参られる	伺う
エ	会う	お会いになる	お目にかかる

⑺　敬語について，次のなかから適切でないものを一つ選びなさい。

　ア．敬語は表情や動作から相手の気持ちを察しながら使用する。
　イ．敬語は相手や話中の人物への敬意を表すために使用する。
　ウ．尊敬語は相手や第三者の動作・状態に対して使用し，謙譲語は自分の動作・状態について使用する。
　エ．敬語は相手が年下であれば使用する必要はないが，相手が年上であれば必ず使用する。

⑻　上司である課長に対する言葉遣いとして，次のなかから最も適切なものを一つ選びなさい。

　ア．「お客様はお帰りになられました」
　イ．「社長がご出社になりました」
　ウ．「部長がそのように申されました」
　エ．「その件については，私に伺ってください」

⑼　客に対する言葉遣いとして，次のなかから適切でないものを一つ選びなさい。

　ア．客から無理な要求をされたときに，「ちょっとそれはできないですね」と返した。
　イ．客から聞かれていたことに対して，「お尋ねの件でございますが」と言った。
　ウ．客から最大限の賛辞を受けたときに，「とんでもないことでございます」と返した。
　エ．客が商品を探しているときに，「お探しの商品はこちらでよろしいでしょうか」と確認した。

(10) 名刺交換について，次のなかから最も適切なものを一つ選びなさい。

　　ア．訪問先の相手が複数いるときは，最初に職位が低い相手と交換する。
　　イ．商談の際に受け取った名刺は，邪魔にならないように交換後すぐにしまう。
　　ウ．名刺には会社名，所属部署が記載されているので，差し出すときは名前だけ名乗ればよい。
　　エ．相手を軽んじているような印象を与えてしまうので，文字の上には指を乗せないで受け取る。

(11) 社員Aが取引先社員Bに上司である部長Cを紹介する際のルールとして，次のなかから適切でないものを一つ選びなさい。

　　ア．誰を紹介しているのか分かるように，手のひらを部長Cに向けた。
　　イ．最初に取引先社員Bを部長Cに紹介し，次に部長Cを取引先社員Bに紹介した。
　　ウ．部長Cを紹介するときに，「弊社の部長のCです」と紹介した。
　　エ．取引先社員Bと部長Cの中間に立ち，両者に目線を合わせながら紹介した。

(12) 訪問先への手土産について，次のなかから適切でないものを一つ選びなさい。

　　ア．原則は袋から取り出して渡すが，会社の外で渡すときなどは持ち運びやすいように袋のまま渡してもよい。
　　イ．商談で相手の会社に行ったときに渡すタイミングは，挨拶や自己紹介を終えた後がよい。
　　ウ．手土産によって今後の相手の対応が変わってくるため，できる限り高価な品を選ぶとよい。
　　エ．親しい取引先への手土産は，固い印象を与えないように，のしと表書きはつけなくてもよい。

(13) 来客者の見送りとして，次のなかから適切でないものを一つ選びなさい。

　　ア．商談が終了し客が帰り支度をしていたが，「部屋の外でお待ちしております」と客の支度を待たずに席を立ち，部屋の外で客を待った。
　　イ．次の来客の予定時間が過ぎてしまっていたため，「こちらで失礼いたします」と玄関まで行かずに受付のところで見送った。
　　ウ．懇意にしている客に対して，エレベーター前で「本日はありがとうございました」と挨拶をし，エレベーターの扉が閉まるまでお辞儀をした。
　　エ．コートを手にかけたまま外に出ようとした客に，「寒いですからどうぞこちらでお召しになってください」と外に出る前に声をかけた。

⒁　お茶の接待のマナーとして，次のなかから最も適切なものを一つ選びなさい。

　ア．急須でお茶を入れるときは，お茶の味を抽出するために，お湯で茶葉を10分程度蒸らす。
　イ．お茶を客に運ぶときは，同時に複数の茶碗や茶たくは持てないので，給湯室から1人分ずつ
　　　持っていく。
　ウ．応接室に入室するときは，片手でお盆を持ち，扉が開いていたとしても必ずノックをする。
　エ．商談中にお茶を出すときは，熱いうちに召し上がってもらうために，「冷めないうちにどう
　　　ぞ」と話を遮ってお茶を勧める。

⒂　電話の応対例として，次のなかから適切でないものを一つ選びなさい。

　ア．間違い電話を受けたとき「番号を確認してかけ直してください」と言って，すぐに電話を切る。
　イ．電話を取り次ぐとき「担当部署に電話をお繋ぎいたします」と言ってから，保留ボタンを押す。
　ウ．話が終わったとき「ご用件を復唱いたします」と言い，メモを見ながら用件を確認する。
　エ．相手の話に相づちを打つとき「さようでございますか」と言いながらうなずく。

⒃　電話の受け方について，次のなかから適切でないものを一つ選びなさい。

　ア．相手側の騒音で話が聞き取れないときは，「周りがうるさくて聞こえないので移動してくださ
　　　い」と伝え，場所を移動してもらう。
　イ．3回以上着信音が鳴ってから電話に出るときは，始めに「お待たせしました」とお詫びの言葉
　　　を言う。
　ウ．相手が名乗らずに担当者への取り次ぎを依頼してきたら，相手が急いでいる場合であっても必
　　　ず会社名や名前を確認する。
　エ．会話の始めに相手が雑談してきたときは，良好な人間関係を築いていくために，長くならない
　　　程度に対応する。

⒄　電話を受けた際に相手の会社名を聞き取れなかった次の場面において，[＿＿＿＿＿＿＿＿]の中に
　入る言葉として，次のなかから最も適切なものを一つ選びなさい。

　　　自分：「全商商事株式会社でございます」
　　　相手：「わたくし，△♯□〇株式会社の加藤でございます」
　　　自分：「[＿＿＿＿＿＿＿＿＿＿＿＿＿]」

　ア．「えっと・・・。会社名はなんですか」
　イ．「申し訳ございません。もう一度会社名をお聞かせ願えますか」
　ウ．「活舌が悪いからか，会社名を聞き取れませんでした」
　エ．「電話は繋がっていますでしょうか。こちらは全商商事株式会社でございます」

⑱　結婚披露宴での服装のマナーとして，次のなかから適切でないものを一つ選びなさい。

ア．男性はブラックスーツなど略礼服を着用するのが基本である。
イ．男性の靴は革製であれば，スニーカーやローファー，ブーツでもよい。
ウ．女性は，新婦よりも派手な素材やデザインは避け，肌の露出が少ない，ひざ下丈かロング丈の
　　ワンピース，スーツを着用する。
エ．女性の和装の場合，親族を除き一般的には訪問着だが，未婚者の場合は振袖でもよい。

⑲　弔事のマナーについて，次のなかから適切でないものを一つ選びなさい。

ア．弔辞を頼まれた場合，「忌み言葉」に注意をし，死因に触れることは避け，3分程度を目安に
　　まとめる。
イ．遅刻すると失礼になるので，葬儀，告別式に参列する際は，開始10分前までには斎場での受付
　　を済ませる。
ウ．地域により違いはあるが，通夜の後に食事や酒をふるまう「通夜振る舞い」には，親族以外の
　　参列者は誘われた場合に参加するとよい。
エ．焼香を済ませたあとに退席する場合，葬儀の最中であっても，必ず喪主に対して退席の理由と
　　詫びの言葉を述べに行ってから斎場をあとにする。

⑳　病院への病気見舞いのマナーとして，次のなかから適切でないものを一つ選びなさい。

ア．入院中の見舞い品としては縁起の悪いとされる，シクラメンや菊，椿の花を持って行くのは好
　　ましくない。
イ．病状や治療内容についての話をこちらからすることは避けるなど，会話の内容には十分に注意
　　し，相手が安心するような言葉をかけるとよい。
ウ．見舞い品として花を持参するときは，すぐに枯れてしまう切り花よりも，長持ちのする鉢植え
　　の方がよい。
エ．あらかじめ面会の規制や制限を確認のうえ，相手の都合を聞いてからお見舞いをするとよい。
　　自分の体調がすぐれないときは，お見舞いは控える。

㉑　和食のマナーとして，次のなかから適切でないものを一つ選びなさい。

ア．焼き魚を食べるときは，上身を食べたら裏返さずに，中骨を取って下身を食べる。
イ．割り箸をお膳の上で割ったり，縦にして割ったりしてはいけない。
ウ．近年は訪日外国人も多いので，外食ではうどんやそばも音を立てないように食べる。
エ．お椀を持つときは，親指を折り曲げて器の中に入れないように気を付ける。

(22) 和食でのやってはいけない箸使いとその説明の組み合わせとして，次のなかから適切でないもの を一つ選びなさい。

ア．ねぶり箸　－　どれを食べようかとあちこちと箸を動かすこと
イ．涙箸　　　－　箸先から料理の汁をぽたぽたと落としながら食べること
ウ．寄せ箸　　－　器の中に箸をかけて食器を手元に引き寄せること
エ．刺し箸　　－　料理に箸を突き刺して食べること

(23) 洋食のマナーとして，次のなかから適切でないものを一つ選びなさい。

ア．肉料理を食べるときは，左端から一口大に切って食べる。最初から全部切り分けておかない。
イ．スープの飲み方には，皿の奥から手前にすくうフランス式と，皿の手前から奥に向かってすく うイギリス式がある。どちらも皿は持ち上げない。
ウ．店員が椅子を引いてくれたら前に立ち，後ろから椅子を押してくれたらそれにあわせて座る。
エ．料理に満足したら，帰るときにナプキンをきれいにたたんで椅子の上に置いておく。

(24) AIDCA の法則による客の購買心理の経過について，次のなかから最も適切なものを一つ選びな さい。

ア．興味　→　注目　→　欲望（欲求）　→　行動　→　確信
イ．注目　→　興味　→　欲望（欲求）　→　確信　→　行動
ウ．興味　→　注目　→　欲望（欲求）　→　確信　→　行動
エ．注目　→　興味　→　欲望（欲求）　→　行動　→　確信

(25) 販売員の対応として，次のなかから適切でないものを一つ選びなさい。

ア．客が入店した時に元気よく「いらっしゃいませ」と挨拶し，お辞儀をした。
イ．客が商品を手に取って迷っている様子だったので，客に近寄り，商品について説明した。
ウ．客が閉店時間の10分前に来店したが，すでに閉店作業に取り掛かっていたので退店を促した。
エ．お買い上げの商品を客から預かる際に両手で受け取り，「他に何かお探しのものはございませ んか」と確認した。

2　コミュニケーションに関する次の問いに答えなさい。

(1)　企業における重要な会議について，次のなかから最も適切なものを一つ選びなさい。

　　ア．監査役会は，会計監査及び会社の経営，業務執行に関する監査を行う機関であり，社長，専務取締役，常務取締役などで構成される。
　　イ．取締役会は，会社の経営に関する基本方針を決定する機関であり，株主総会によって選任された取締役で構成される。
　　ウ．株主総会は，経営に関する重要事項を協議する機関であり，監査役で構成される。
　　エ．常務会は，株式会社の運営に関する基本事項を決める最高意思決定機関であり，株主で構成される。

(2)　ディベートについて，次のなかから適切でないものを一つ選びなさい。

　　ア．ディベートは，一つのテーマに対して，賛成側，反対側に分かれてそれぞれの主張を展開し，論理的な正しさを競い，最終的に勝敗をつける。
　　イ．ディベートのテーマの種類には，二者の優劣を競う価値論題，推理や予測の適否を競う推定論題，政策的なテーマを競う政策論題がある。
　　ウ．まず否定側，肯定側の順にそれぞれの考えを論拠とともに説明し，審判団が初期段階での優劣を発表する。その後，相手側の意見の不明点や聞き漏らした点を確認する。
　　エ．自分とは反対の立場の相手を説得するためには論理的な整合性が必要である。ディベートをとおして，こうした論理的な思考力を養うことができる。

(3)　あるドラッグストアチェーンについて SWOT 分析をおこなったとき，「機会」として考えられるものについて，次のなかから最も適切なものを一つ選びなさい。

　　ア．健康志向が高まっている。
　　イ．他社と比較すると，店舗数が少ない。
　　ウ．多くの自社の店舗の近くに超大型のドラッグストアが続々とオープンした。
　　エ．美容部員などエキスパート販売員を配置している。

(4)　スケジュールの管理について，次のなかから適切でないものを一つ選びなさい。

　　ア．月間予定表は，前月のスケジュールを参考に，当月になってから作成し始め，完成したらすぐに共有する。
　　イ．仕事が順調に進み，時間に余裕があるときは，すぐにできる仕事の処理や情報収集の時間にあてるとよい。
　　ウ．仕事が予定どおりに進まなかった場合は，その後のスケジュールを適切に修正する。
　　エ．次のスケジュールを決める際の基本となり，自分の時間管理にもつながるため，仕事を終えるまでにかかった時間を記録しておくとよい。

(5)　社会人としての心構えについて，次のなかから最も適切なものを一つ選びなさい。

　　ア．少し席を離れる程度であれば，個人情報が記載された資料はそのままにしておいて構わない。

　　イ．自分の仕事が終わるまではその仕事だけに集中し，他の仕事を頼まれたときは，別の人にお願いしてもらう。

　　ウ．仕事でトラブルが発生したときは，迅速な対応が必要なため，上司に報告するよりも先に，自らの判断で行動しなくてはならない。

　　エ．心身ともにゆとりをもって仕事に専念するため，毎日の食事や睡眠に気を配り，良好な健康状態を保つよう心掛ける。

(6)　コミュニケーションについて，次のなかから適切でないものを一つ選びなさい。

　　ア．フォーマルコミュニケーションとは，休憩時間の同僚との会話や懇親会での歓談のことである。

　　イ．非言語（ノンバーバル）コミュニケーションは，身ぶりや手ぶりなどのジェスチャー，表情や態度によって行われるものである。

　　ウ．間接的コミュニケーションには，電子メールや郵便物を利用した特定の個人を対象にしたものと，インターネットやマスメディアを利用した広告など不特定多数を対象にしたものがある。

　　エ．直接的コミュニケーションとは，メッセージや指示を明確に伝えるために，人と人が直接顔を合わせて行うものである。

(7)　顧客との信頼関係を高める方法について，次のなかから適切でないものを一つ選びなさい。

　　ア．商品購入時に，氏名，住所，生年月日のほか，趣味や好みなど会社にとって必要な情報を教えてもらい，挨拶状や店舗のセール情報などを送付する。

　　イ．一定回数以上の購入歴のある客に，店舗の商品や接客に関する満足度についてのアンケートを答えてもらうことで，サービスの向上に役立てる。

　　ウ．半年以上来店しない客に，月に1度，来店しない理由の回答や来店を促すメールを送る。

　　エ．購入履歴や実際に会話をして得た情報を参考に，客が求めるような商品をすすめる。

(8)　会議の会場設営として，次のなかから最も適切なものを一つ選びなさい。

　　ア．株主総会や多人数の説明会などの情報伝達を目的とする会議は，ロの字型がよい。

　　イ．異なる意見を持つ数人の討論者が聴衆の前で討論するパネルディスカッションは，教室型がよい。

　　ウ．お互いの顔が見えて自由に意見を述べることができるアイディア会議は，公開討論型がよい。

　　エ．プロジェクターやビデオなどを使う研修会やプレゼンテーションは，Vの字型がよい。

(9) ビジネスにおける効果的なプレゼンテーションについて，次のなかから適切でないものを一つ選びなさい。

ア．会場の場所や設備などを事前に調べ，それに適した配付資料やスライド，映像を用い，視覚からも聞き手にアピールすることが大切である。

イ．発表する内容は，聞き手の年代，立場，価値観や知識量などを考慮する。特に発言力や決定権のあるキーパーソンを意識して行う。

ウ．制限時間を過ぎたり，ハプニングがある方が聞き手に強い印象を与えることができるので，事前にリハーサルはせずに発表する。

エ．発表後の質問は，あらかじめ予想して答えを用意しておく。予想外の質問に答えられなければ，謝罪して，すぐに調べて，できるだけ早く連絡する。

(10) ネットショップでの商品説明について，次のなかから適切でないものを一つ選びなさい。

ア．商品の価値や魅力がわかるように，キャッチフレーズをトップページに載せる。

イ．自社の販売担当者が消費者を装い，口コミサイトに商品の良さを投稿する。

ウ．商品の使用上の注意書きや欠点なども詳しく載せることで，購入後のトラブルを防ぐことができる。

エ．購入者がレビューを商品ページに載せることにより，レビューを見た客が自分で使用しているようなイメージをいだくことができる。

(11) ビジネス文書に関する組み合わせとして，次のなかから最も適切なものを一つ選びなさい。

ア．送付状　－　各関係部署に申請をかけ，回覧し，承認を受けるための文書
イ．督促状　－　期間内に支払われない代金を支払ってもらえるよう促す文書
ウ．依頼状　－　書類や商品を送るときに送付者や用件を確認するための文書
エ．詫び状　－　取引先に何らかの用件を頼んだり，お願いしたりするときの文書

(12) 社交文書について，次のなかから適切でないものを一つ選びなさい。

ア．お悔み状は，相手を思いやる言葉で書く。繰り返しの意味を持つ重ね言葉は使用しない。
イ．礼状は，丁寧な文面で感謝を込めて書く。好意や援助を受けたらすぐに出すようにする。
ウ．災害の見舞状は，時候の挨拶や近況は書かない。相手の状況が確認できてから出す。
エ．挨拶状は，時候の挨拶や頭語・結語は書かない。形式にこだわらず素直な気持ちを書く。

⒀　ディスカッションの方法として，次のなかから<u>適切でないもの</u>を一つ選びなさい。

　ア．漠然とした話し合いにならないように，最初に目的や論点，ルールを明確にしてから始める。
　イ．発言者は結論から先に端的に述べ，次に理由を事例などを交えて聞き手にわかりやすく話す。
　ウ．進行役は自分の考えに近い参加者の発言を多くし，そうでない参加者の発言は少なくする。
　エ．聞き手は発言者の話をしっかりと受け止め，同意や共感または反対のメッセージを伝える。

⒁　ソーシャルメディアの活用方法について，次のなかから<u>適切でないもの</u>を一つ選びなさい。

　ア．著名人の来店情報や個人情報をSNSに投稿することにより，多くの人が注目し，商品や企業の
　　　イメージアップにつながる。
　イ．ユーザーが興味を持つような商品の情報や画像をSNSに投稿し，ユーザーが拡散してくれるこ
　　　とで宣伝効果が増す。
　ウ．ファンコミュニティサイトを開設し，ファン同士，ファンと企業との情報交流を行うことで，
　　　商品開発や改良，商品宣伝，集客に役立つ。
　エ．ダイレクトメールにより客と直接やり取りができるので，意見や要望が把握しやすく，客が望
　　　むアフターサービスを提供できる。

⒂　電子メールの送信について，次のなかから<u>最も適切なもの</u>を一つ選びなさい。

　ア．メールの便利な点はいつでも連絡がとれることなので，たとえ深夜であっても相手の都合は気
　　　にせず送信している。
　イ．送信したメールをすぐに読んでくれるとは限らないので，大切な用件については相手にメール
　　　を送ったことを電話で知らせている。
　ウ．メールアドレスに自分の名前を入れているので，何度も送受信している相手には，時間短縮の
　　　ために本文に自分の名前は入れていない。
　エ．メールは正式な手紙と違うので，相手に自分の感情が伝わるようにフォントを工夫したり，絵
　　　文字，顔文字を使用したりして送信している。

3　次の文章を読み，問いに答えなさい。

　子どもの頃から販売職に就きたいと考えていた新入社員Aは，家電量販店である全商電器に就職した。①入社から4か月間は，同じ部署の先輩社員がついて仕事を教えてくれたことで，仕事の手順だけでなく，仕事に対する姿勢も学ぶことができた。ある日，客Bが購入した商品の不調を訴えて店舗を訪れた。

社員A：「いらっしゃいませ」
客　B：「先日ここで購入したこの無線LANルータを家で使ってみたら動かないのですが，どういうことですか」
社員A：「それは誠に申し訳ございません。購入日と詳しい状況を教えていただけますか」
客　B：「買ったのは先週の日曜日です。家に帰って早速コンセントに差し込んで，電源を入れてみたけれど，全く動かない状態です。買ったばかりなんだから，もちろん商品を交換してくれますよね」
社員A：「＿＿＿＿＿＿＿②＿＿＿＿＿＿＿」
客　B：「そちらの不備なのにそれはおかしいでしょ」
社員A：「大変申し訳ございません。メーカーに商品を送って，初期不良と判断されたら商品の交換をいたします。または，修理と判断されたらそのままお預かりして修理をするという流れになっております」
客　B：「修理の場合は，その間家で使えないってことですよね」
社員A：「はい。そういうことになってしまいます」
客　B：「それは困ります。以前，別の商品を購入した時にも同じようなことがあって，③その時の担当者はすぐに新品と交換してくれたから，今回もそのくらいのことをしてもらわないと」
社員A：「そう言われましても・・・」
客　B：「忙しいのにわざわざ店に来てあげているんだから，早くしてよね」

　社員Aが何度も丁寧に説明を繰り返すことでようやく客Bは納得し，メーカーに商品を送ることになった。メーカーの判断がわかり次第，全商電器から客Bに連絡をすることになったため，その手続きを始めた。

社員A：「お手数ですが，こちらの商品預り証に，住所や氏名などの必要事項をご記入ください。早急にメーカーに商品を送って，対応をさせていただきます」
客　B：「わかりました。これでよろしいですか」
社員A：「ありがとうございます。それでは，メーカーの判断がわかり次第，ご記入いただいた④連絡先にお電話いたします」
客　B：「よろしくお願いします」
社員A：「あらためまして，本日は商品の不調に関しまして，大変ご迷惑をお掛けして申し訳ございませんでした。⑤今後はこのようなことがないように努めて参りますので，今後ともよろしくお願いいたします」

　社員Aは，店舗の出入口まで案内して，頭を下げながら客Bを見送った。

問　題

(1)　下線部①のように，入社後の数か月間，同じ部署内の年齢が近い先輩社員がついて仕事を教えて
くれる制度を何というか。次のなかから最も適切なものを一つ選びなさい。

　　ア．ペアレント・チャイルド制度
　　イ．ボス・サブ制度
　　ウ．ブラザー・シスター制度
　　エ．マスター・フォロワー制度

(2)　下線部②について，社員Aの対応として，次のなかから最も適切なものを一つ選びなさい。

　　ア．「その日のうちにお持ちくだされればよかったのですが」
　　イ．「交換はできませんので，新しいものを再度お買い求めください」
　　ウ．「お客様が誤った使い方をされませんでしたか」
　　エ．「申し訳ありませんが，調べてみないと現状では何とも申し上げられません」

(3)　下線部③のように言われないために，会社全体として，日頃からどのようなことを心掛けるべき
か。次のなかから最も適切なものを一つ選びなさい。

　　ア．リピーターになってもらうために客の言い分を受け入れ，必ず希望どおりの対応を行う。
　　イ．客の態度や口調で事態の大小を判断し，大事にならないように即座に対応を変える。
　　ウ．どんな些細なことでも店長をすぐに呼んで，対応してもらう。
　　エ．社員によって対応が異ならないように，基準や手順について統一を図る。

(4)　下線部④について，社員Aの対応として，どのようなことを心掛けるべきか。次のなかから適切
でないものを一つ選びなさい。

　　ア．客の都合を優先するために，電話に出やすい曜日や時間帯を聞いておく。
　　イ．一刻も早く客に連絡を取るために，個人の携帯電話に客Bの連絡先を登録しておく。
　　ウ．こちらからの連絡だとわかるように，発信番号を事前に伝えておく。
　　エ．連絡の行き違いを避けるために，留守番電話サービスへの伝言の可否を確認しておく。

(5)　下線部⑤について，客Bが帰った後の社員Aの取るべき行動として，次のなかから最も適切なも
のを一つ選びなさい。

　　ア．対応内容や経緯，商品の状況などを記録に残し，上司に報告するとともに社内で共有する。
　　イ．他の商品にも不備がある可能性があるので，客への注意喚起の張り紙を作成する。
　　ウ．会社からのお詫びの気持ちと誠意が伝わるように，客の自宅へ粗品を郵送する。
　　エ．客とのトラブルの原因は製造元であるメーカーにあるので，メーカーへ苦情電話をする。

4 ビジネス全般に関する各問いに答えなさい。

(1) 広報部の社員Aは，1か月後に行われる商品展示会の案内メールを取引企業へ送信しようとしていた。会場案内のファイルを添付する予定であったが，誤って個人情報を含む顧客の一覧を送信してしまった。このような場合，社員Aはどのように対応すればよいか。次のなかから最も適切なものを一つ選びなさい。

ア．送信先は自社と取引をしている企業であるため問題はなく，今後は気を付けようと気持ちを切り替える。

イ．自分には非がないようにするため，ハッキングによって誤送信されたことにして，自社のセキュリティに問題があると上司に訴える。

ウ．誤送信したという事実が広まらないよう，送信先に黙っていてもらえるように依頼する。

エ．事実の公表や個人情報が流出した顧客への連絡，謝罪などの早急な対応が必要であるため，速やかに上司に報告する。

(2) 社員Aが所属する営業部では社外文書を送る際に，内容や構成を複数の人に確認してもらうことになっている。ある日，Aは1週間後に期日が迫った社外文書を作成し先輩のBに確認の依頼をしたが，3日経ってもBに確認してもらえずにいた。このとき，両者が不快な気持ちにならないようなBに対するAの対応として，次のなかから最も適切なものを一つ選びなさい。

ア．早く確認をしてほしいが，Bの仕事に影響が出てしまうのを避けるため，確認してくれるまで待つ。

イ．「期日が近づいてきているので，お忙しい中恐縮ですが，ご確認いただけないでしょうか。もし私が代わりにできる仕事があれば，お手伝いさせてください」という。

ウ．「期日が迫っていて急いでいるのでもう結構です。お忙しいようですので他の方に確認していただきます」という。

エ．「お願いしたのは3日前なのに，まだ確認していただけないんですか。期日が迫っているのでそろそろ確認してもらわないと困ります」という。

(3) ビジネスに関する用語の説明として，次のなかから適切でないものを一つ選びなさい。

ア．インフルエンサーとは，就労しても充分な収入を得られず，貧困状態にある労働者のことをいう。

イ．生成AIとは，大量のデータを学習することで画像，文章などのさまざまなコンテンツを生み出すことができる人工知能のことをいう。

ウ．インバウンド消費とは，外国人が日本を訪れ国内で消費することをいう。新型コロナウイルス感染防止のための入国制限が2023年6月に解除された後，訪日外国人は急増している。

エ．インボイス制度とは，買い手が仕入税額控除の適用を受けるために，売り手が発行したインボイス（適格請求書）の保管が必要になる消費税法上の制度のことをいう。

(4) 営業部の課長は，取引先の課長，係長を接待するため，上司である部長とともに日本料理店に来ている。和室での席次について，次のなかから最も適切なものを一つ選びなさい。

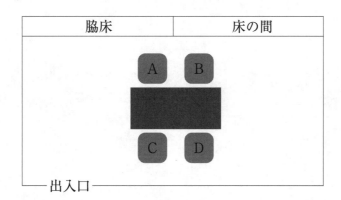

ア．接待の席次には特に決まりはないので，早く着いた者から自由に席を選んで座る。

イ．4人の中では一番下の役職である取引先の係長が，出入口に最も近く下座となるCに座る。

ウ．床の間に最も近く，出入口から最も遠い席であるBが上座となるため，接待相手である取引先の課長が座る。

エ．それぞれの会社の規模や地位に関係なく，年齢の高い者からB→A→D→Cの順に座る。

(5) 下記の祝儀袋についての説明として，次のなかから適切でないものを一つ選びなさい。

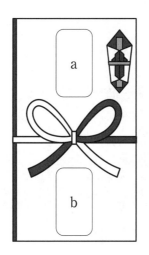

ア．右肩にある小さな飾りを「のし」といい，「のし」のついたこの袋のことを「のし袋」とも言う。

イ．aには贈る名目を書く。上図の祝儀袋の場合は「御結婚祝」「御見舞」などと書き入れる。

ウ．bには送り主の名前を書く。連名の場合は上位者の名前を右から書く。

エ．中央の飾りを「水引」といい，上図の蝶結びの他，結び切り，あわじ結びなどがある。一般的に祝儀袋では紅白で印刷されているか，紅白のひもが結んである。

令和５年度
第13回　ビジネスコミュニケーション検定試験　解答用紙

1

(1)	(2)	(3)	(4)	(5)
(6)	(7)	(8)	(9)	(10)
(11)	(12)	(13)	(14)	(15)
(16)	(17)	(18)	(19)	(20)
(21)	(22)	(23)	(24)	(25)

小計

2

(1)	(2)	(3)	(4)	(5)
(6)	(7)	(8)	(9)	(10)
(11)	(12)	(13)	(14)	(15)

小計

3

(1)	(2)	(3)	(4)	(5)

小計

4

(1)	(2)	(3)	(4)	(5)

小計

試験場校		受験番号		総得点	

さくいん

さくいん 143

144 さくいん

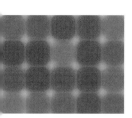

令和 **6** 年度版

全商ビジネスコミュニケーション検定テキスト
解 答 編

実教出版

▶ **p.6　練習問題①** ‥‥‥‥‥‥‥‥‥‥‥‥‥

（1）ウ

◉**解説**　ア．自分から先に周囲のすべての人に「今日も一日がんばりましょう」という気持ちであいさつをするとよい。好印象をもたれ，何かあったら応援してもらえる存在になれる。イ．自分が帰社したことを周囲に知らせ，自分あての連絡が入っていないかどうかを確認するためにも「ただいま戻りました」と元気にあいさつをするとよい。エ．訪問する側・迎える側ともに準備をし，落ち着いてきちんと話をするのが面談の目的である。トイレで仕事の話をすることはない。

（2）エ

◉**解説**　握手をしながら同時におじぎはしない。おじぎの習慣がない地域ではおじぎのかわりに握手をする。穏やかなまなざしで相手と正対し，2・3回しっかりと手を握る。

（3）エ

◉**解説**　ア．場面に応じたあいさつを心掛けることが，あいさつの基本である。イ．屋外であっても，あいさつの際には帽子やサングラスを取ることは，マナーの一つである。帽子は戦の時に使うカブトが起源であるとされ，あいさつの際に帽子を取ることはカブトを取り相手に対して敵意が無いことを示すことに由来しているとされている。また，あいさつの際にはアイコンタクトが重要であり，相手の目を見るためにもサングラスは取るべきである。ウ．場面に応じた気持ちのよいあいさつは，職場の雰囲気をよくすることにもつながる。周りのことによく気付ける人は周りから必要される。あいさつは一度だけでなく，いつでも，どこでも，何度でもしてよい。

（4）エ

◉**解説**　宅配業者や警備員がお客として利害関係者になることもある。誰が相手でも，社内ですれ違う相手には気持ちのよい挨拶をするように心がけ，自分自身や会社に対していいイメージをもってもらえるような行動をする。

（5）イ

◉**解説**　ア．敬礼（普通礼）の例である。ウ．黙礼の例である。エ．会釈の例である。

▶ **p.11　練習問題②** ‥‥‥‥‥‥‥‥‥‥‥‥

（1）ア

◉**解説**　身だしなみの3原則は，①清潔感②機能性③周りとの調和である。イ．自分の地位や年齢，職場の雰囲気と調和がとれた身だしなみを心がける。ウ．シワや汚れのない清潔なものを着用し，相手に不快な印象を与えないようにする。エ．作業や清掃，来客の応対などで体を動かすことがある。仕事をしやすい機能性のある服装を選ぶ。

（2）イ

◉**解説**　素肌を見せないことは，ビジネスシーンにおけるマナーとされている。女性がストッキングを着用するのと同様に，男性も椅子に座った際にズボンの裾から素肌が見えないよう，長い靴下を履くことが身だしなみとされている。

（3）ア

◉**解説**　仕事で上着を脱ぐこともある。ベルトをしていないビジネススタイルはだらしない印象を与えてしまう。また，ベルトの色や柄，素材によっては主張が強くなり，ビジネスシーンにそぐわずスーツにも似合わない。そのため，色は靴の色に合わせ，素材は本革でバックルはシンプルなものがよい。

（4）エ

◉**解説**　ア．終始目を合わせないと誠意が伝わらず，自信がないようにも見える。目線の配置は，相手の首から胸元の範囲を保ち，話の始めと終わりや，特に伝えたい話題では目線を合わせて話す。イ．相手に安心感や親近感をもってもらい，信頼し合いながら会話を進めるために，眉間を開き口角を上げ，柔らかい表情で話すとよい。ウ．「マスクの下は笑顔」を心がけ，目に優しさがあり相手に好印象を与える表情を心がける。

（5）ウ

◉**解説**　ア．背もたれを使うと，横柄な態度と受け取られる。背もたれを使わず背筋を伸ばして腰を掛ける。イ．何かを指し示すときは，指先を揃えると丁寧な印象を与える。エ．歩くときに音を立てないことは必要だが，すり足は不自然である。

▶ **p.14　練習問題③** ‥‥‥‥‥‥‥‥‥‥‥‥

（1）ア

◉**解説**　イ．尊敬語の説明である。ウ．謙譲語の説明である。エ．二重敬語であり，不適切な表現の例である。

（2）イ

◉**解説**　ア．「来る」の尊敬語は「おこしになる・いらっしゃる」，謙譲語は「参る・伺う」である。ウ．「聞く」の尊敬語は「お聞きになる」である。エ．

「する」の尊敬語は「なさる」，謙譲語は「いたす」である。

（3）ウ

◉解説　「恐れ入りますが」は依頼するときに使う。ア．断るときに使う。イ．断るときに使う。こちらも断りたくないが，心苦しいという気持ちが伝わる。エ．反論するときに使う。

（4）エ

◉解説　ア．「の方になります」→「でございます」とする。イ．「よろしかったでしょうか」→「よろしいでしょうか」とする。ウ．「からお預かりします」→「をお預かりします」とする。

▶ **p.17　練習問題④**……………………………

（1）ウ

◉解説　「申し訳ございません。あいにく名刺を切らしております。後日お送りしてもよろしいでしょうか。」とお詫びし了解を得て，できるだけ早くお会いしたことの感謝を手紙に書いて名刺を同封する。名刺はそのままではなく，名刺が入る小さな封筒に入れるか懐紙で包む。

（2）ウ

◉解説　名刺の管理は，時系列ではなく，業種別・五十音順にする方がよい。必要な時にすぐに探せるよう，自分に合った管理方法を利用する。

（3）ア

◉解説　イ．名刺交換は必ず立って，対面して行う。テーブル越しに座ったまま行わない。ウ．名刺の受け渡しは，素早く行うことより，丁寧に行うことが大切である。そのため，片手ではなく両手で渡す。ただし，同時交換のときは，自分の名刺を右手で渡しながら，相手の名刺を左手で受け取り，受け取った名刺を胸元に引き寄せながらもう片方の手を添える。エ．相手の目の前ではなく，面談が終わってから書き込む。日付・場所・用件・相手の特徴などを裏面に書き込むとよい。

（4）ア

◉解説　イ．社外の人に社内の人を紹介するときは，たとえ上司でも「課長の大庭です」のように，役職名＋名前の順で呼び捨てにして紹介する。ウ．紹介は初対面の時にするものであり，第一印象が大切である。上司から紹介された直後に「営業課の矢野です」のように言い，きちんと一礼する。エ．紹介の原則は「内→外」「下→上」である。先に上司を取引先の担当者に紹介する。

（5）ウ

◉解説　紹介は「下から上へ」「内から外へ」が原則である。自社の職位の低い者→自社の職位が高い者→他社の職位の低い者→他社の職位の高い者の順に紹介する。

▶ **p.23　練習問題⑤**……………………………

（1）ウ

◉解説　社長や役員などの職位の高い人は，重要な意思決定など他に専念すべきことがあるため，直接連絡をするのは失礼である。スケジュールを管理する秘書などがいる場合は，その人を通してアポイントの依頼をする。

（2）イ

◉解説　手土産は受付ではなく，面会人と対面し，挨拶をするタイミングで手さげ袋から出して渡す。渡すときは，手土産が相手から見て正面になるように向きを変え，両手で渡す。

（3）イ

◉解説　手渡すタイミングは，室内に通されて挨拶が終わった後がよく，相手も受け取りやすい。紙袋は持ち運ぶときの埃よけのためであり，一番きれいな状態で手渡すために，袋から出して手渡し，袋は持ち帰る。

（4）エ

◉解説　来客を応接室に案内するときは，相手の歩くペースに合わせる。自分が席を外すことを周囲に伝え，来客を最優先する。

（5）ウ

◉解説　ア．お茶を運ぶときにお茶がこぼれることがあるので，応接室でお茶の入った茶碗と茶托をセットする。複数人分のお茶を入れる際には，一人分ずつ茶碗に注ぐのではなく，戻りつぎを行いお茶の濃さが均等になるようにする。イ．お茶の種類により，おいしくお茶を入れるためのお湯の温度は違う。煎茶は80度，ほうじ茶は100度，玉露は60度がおいしくお茶を入れるお湯の温度の目安である。エ．お盆は胸の高さで，息や髪の毛がかからないように，左右どちらかにずらして両手でしっかり支えて持つ。

▶ **p.28　練習問題⑥**……………………………

（1）エ

◉解説　ア．立ち話の様子にもよるが，取引先を優先すべきであるため，「少々お待ちください」と言って電話を保留にし，担当者に声をかけ対応が可

能かを確認する。一時的に離席している場合には，「席を外しております」と伝える。会議中と一時的な離席とでは，相手に伝わる所要時間の予想が異なる。イ．ビジネスの場面では「失礼いたします」や「ありがとうございます」とあいさつをし，好印象を持たれるよう締めくくる。ウ．この場合の対応は，伝言や代わりに用件を受ける，戻り次第電話をさせるなどがよい。移動中の場合や外出先での面談中の場合などは電話に出られず，面談中の社員にも相手にも迷惑をかけることになるからである。

（2）**イ**

◉**解説** 商談中は目の前の相手が最優先である。携帯電話の電源を切り商談に臨む。着信の履歴が残るので，商談終了後になるべく早く電話ができる場所から折り返して電話をかける。

（3）**エ**

◉**解説** 自宅の電話番号は個人情報なので，聞き出そうとしてはいけない。相手が在宅勤務や休暇中の場合もあるので，状況に応じてア〜ウのような対応を行うとよい。

（4）**エ**

◉**解説** 電話の応対ではメモを取り，最後に復唱して内容を確認する。聞き間違いをその場で確認できるだけでなく，相手もきちんと伝わっていると安心するからである。

▶ **p.31，32　練習問題⑦**‥‥‥‥‥‥‥‥‥‥

（1）**ウ**

◉**解説** エレベーターでは来客を入口から向かって左奥に招き入れ，自分は操作盤の前に立ち，ドアの開閉操作をする。

（2）**エ**

◉**解説** この問題では，和室の席次は①床の間の前（C）→②脇床（床の間の隣の違い棚）の前（A）→③出入り口から遠い席（B）→④出入り口に近い席（D）となる。

（3）**ア**

◉**解説** 操作パネル前が下座，4人で乗る場合，操作パネルの奥が上座である。

（4）**エ**

◉**解説** タクシーでは，運転手の後ろのAが上席（上座）で，運転手への道案内や料金の支払いを行う助手席のDが一番の末席（下座）である。また，後部座席だけで考えると，真ん中のBが末席（下座）である。したがって，席次はA→C→B→Dの順

となる。

（5）**エ**

◉**解説** 進行方向に向いた窓側，次にその向かいが上席となる。

（6）**ウ**

◉**解説** 一般的には出入口から遠い奥の席が上座，近い方が下座である。

（7）**イ**

◉**解説** 進行方向を向く席（D，E，F）が上座，進行方向の逆を向く席（A，B，C）が下座である。また三人掛けの席においては，窓側の席が上座であり，次が通路側の席，末席が真ん中の席となる。したがって席次は，上座からD，A，F，C，E，Bの順となる。

（8）**イ**

◉**解説** 部長が運転し同乗者がすべて社内の者であるから，部長と話がしやすいように，同乗者で最も役職が上位の課長がA，後席で乗り心地の良くないCが下位の新入社員の席となる。

第2章　交際に関するビジネスマナー

▶ **p.40　練習問題⑧**‥‥‥‥‥‥‥‥‥‥‥‥

（1）**ア**

◉**解説** 「御仏前」は仏式で四十九日を過ぎたら用いるものである。この場合はどの宗教，宗派にも用いることができる「御霊前」がよい。

（2）**ア**

◉**解説** 「忌み言葉」とは，その場にふさわしくない縁起の悪い言葉を指し，冠婚葬祭で使用を控えるべきだとされている。結婚式や披露宴では別離を想像させる「切れる」「離れる」，一般的な慶事では，不幸を連想させる「終わる」「滅びる」などの言葉が忌み言葉とされている。

（3）**ウ**

◉**解説** ア．お祝いの気持ちをきちんと伝えるためにも，場面と金額に応じた祝儀袋を用いる。また，結婚のお祝いでは結び切りの水引にする。イ．冠婚葬祭での「平服」は，普段着でよいのではなく，ブラックスーツにネクタイを着用する。エ．披露宴の主役は新婦である。主役を引き立てるためにも，ウェディングドレスの色である白色は避ける。

（4）**ウ**

◉**解説** ア．結婚のお祝いなどと同様，吉日に渡すのがマナーである。イ．生後7日から1か月の間に渡すことがマナーとされている。出産直後は体を休めることに専念する必要があるため，訪問な

どは避ける。エ．子供の誕生を祝う気持ちを表すための品なので，子供の成長を考慮した衣類などや，おむつやおしりふきなどのいくらあっても助かるものがよい。

▶ p.47　練習問題⑨……………………………
（1）エ
◉解説　ア．食事は会話を楽しみながら，周りとペースを合わせていただくことが大切である。イ．食事の時に最も嫌われることは，不快な音を出すことである。げっぷはもちろん，食べながら話す時に出る咀嚼音やナイフとフォークが皿にあたる音などにも気をつける。ウ．その場で最もおいしい状態で出てくる料理を，会話を楽しみつつおいしくいただくのがマナーである。衛生面の問題もあるので，勝手に持ち帰ってはいけない。

（2）ア
◉解説　ナプキンをたたんで椅子の上に置くのが中座するときの合図である。

（3）ウ
◉解説　ねぶり箸というやってはいけない箸使いの一つである。周囲に不快感を与えてしまう。

（4）エ
◉解説　立ち上がらず席にすわったままで，全員に行き渡るように量を考慮し，自分の分だけ取り皿に取り分ける。またその際は，きれいな盛り付けが崩れたり，好きな具材だけ取ったりしないようにも気をつける。

（5）イ
◉解説　ア．ビュッフェ（立食）スタイルは，料理だけではなく会話も楽しむものである。同行者が戻るまで食べ始めない。ウ．不衛生であり不快である。食べきれる量だけを取る。エ．「自分の料理は自分で食べきれる量を取る」のが原則である。好き嫌いや食べきれる量が分からず，残ったら同行者が恥をかくので，同行者の分は取らない。

第3章　接客に関するビジネスマナー
▶ p.52　練習問題⑩……………………………
（1）イ
◉解説　商品を補充したり陳列の乱れを直すなど気づいたことをし，いつでも接客できるよう待機の姿勢でいるとよい。

（2）ア
◉解説　アプローチのタイミングは，お客と目が合ったとき，お客が商品を見つめたときや足を止め

たときなどである。「いらっしゃいませ」「何かお探しですか」「お試しになれますよ」などと声をかけ，お客の興味を喚起させる。よって，イのように説明をすぐに始めるのではない。ウ．お客から声がかかるのをじっと待つのではなく，タイミングよくこちらから声をかける。エ．購入の意思を単刀直入に聞くのではなく，お客の要望を聞き，要望に応じて試着をすすめたり，数種類の商品を取り出して特徴を簡単に説明したりする。

（3）エ
◉解説　あいさつをし，お客からの「ちょっと相談したい」というサインを見逃さないよう注意を払いながら商品の整理を続ける。

（4）エ
◉解説　商品を勧めるときはお客の予算に応じたものを勧める。

（5）イ
◉解説　ア．お客が店内の商品に注目するまでは，店員は待機したほうがよい。ウ．来店したいただいたことに感謝の気持ちを持って，「ありがとうございました」などと声をかけるべきである。次回の来店のきっかけにもなる。エ．迷っているお客に対しては，商品説明などを通して購買の決定を促す。強引に購買を迫るべきではない。

▶ p.55　練習問題⑪……………………………
（1）ア
◉解説　マニュアルだけに頼るのではなく，それぞれのお客の心に寄り添い，必要としていることを察し行動することが大切である。

（2）イ
◉解説　ア．日本人と同じサービスを求める外国人もいるので，選択できるようにするとよい。ウ．文化や習慣，宗教などが異なるため，配慮が必要である。エ．意思疎通を行うために，外国語表記はできるだけした方がよい。

（3）エ
◉解説　不浄とされているのは左手である。

（4）ア
◉解説　日本人と同じサービスを求める外国人もいるので，選択できるようにし，リクエストがあれば提供できるようにしておくとよい。

（5）ウ
◉解説　ア．観光公害はあるが，国や観光業界は訪日外国人観光客数を増加させる方針である。2020年からの新型コロナウィルス感染症の蔓延が，訪

日外国人観光客数を減らしている。イ．一般的な店にも訪れており，複数回来日している外国人観光客は代表的な観光地以外にも足を延ばしている。エ．2019年に3,188万人を突破している。

第4章 企業の組織と人間関係

▶ **p.59** 練習問題⑫ ·················

（1）ウ

◉解説 経営者層は社長，専務などであり，部長，課長は管理者層である。

（2）エ

◉解説 ア．事業部制組織のことである。イ．持株会社のことである。ウ．プロジェクトチーム（組織）のことである。

（3）イ

◉解説 上司も監督責任を取らなくてはならない。

（4）イ

◉解説 会議を行う意味は，意見を出し合いよりよい意思決定をすることが目的である。日常的な内容は会議で決める必要はなく，稟議書などで承認を求め決定すればよい。

（5）ア

◉解説 イ．議事録のことである。ウ．案内状のことである。エ．契約書のことである。

▶ **p.62** 練習問題⑬ ·················

（1）ウ

◉解説 終了後だけでなく，途中経過も報告すべきである。締切に間に合っていれば報告をしなくてもよいというものではなく，適宜報告をし，仕事の状況を共有することが大切である。仕事が遅れていたり困り事があったりした場合に，アドバイスや援助を受けることもできるからである。

（2）エ

◉解説 ア．イ．ウ．話をさえぎったり途中で否定するのではなく，まずは受け止め冷静な態度で接する。話の切れ目で理解できないことを尋ねたり，話の内容を踏まえたうえで「では私は○○をします」など，具体的に理解したことをまとめて述べたりする。相手に敬意を感じさせる聞き方をするようにする。

（3）ア

◉解説 報告はわかりやすく迅速に行うことが大切なので，結論を先に，自分の意見は求められれば言うようにする。

（4）エ

◉解説 両者が不快な気持ちにならないようにするためには，アサーションによって相手を尊重しながら，言いづらいこと，断りづらいことも含めた自分の主張をしっかりと伝え，よりよい人間関係を築くことが大切である。ア，イ，ウは相手の気持ちを考えていない。

（5）エ

◉解説 優先順位の基準は，期限を第一に考えることが大切である。自分が仕上げた仕事の成果をもとにして，次の人が仕事をすることもあるので，期限を守らないと全体の仕事が滞ってしまう。相手や全体のことを考えて期限を守るようにする。

▶ **p.65** 練習問題⑭ ·················

（1）イ

◉解説 ア．業務だけでなく，全体のために役立つことを協力して進めて行うことで，気もちよく仕事ができ，その活動から得られることもある。ウ．訪問先へは約束の時間の10分前には到着し，5分前には受付に向かい，約束の時間ちょうどに面会を開始できるようにする。相手は約束の時間に合わせて前後の仕事を調整しているので，約束の時間を厳守するよう心がける。エ．自分の私的な用件により電話の一回線を使うことができなくなる。緊急の用件が入ることもあるので，私的な使用はしないようにする。

（2）エ

◉解説 ミスのない仕事を心掛ける。ミスをしたときや分からないことがあるとき，期限までに間に合いそうにないときなどは，上司や先輩にすみやかに報告・連絡・相談して指示を受ける。

（3）ア

◉解説 イ．社内の組織だけでなく，一人ひとりが倫理観を持って違反行為を許さない態度で取り組むことが大切である。ウ．社内の人間関係を良好に保つためには，慣習を守ることも大切である。エ．企業が法律などの規則を守ることに加えて，企業の社会的責任から，社会全体の利益を追求する姿勢のことを言う。

（4）エ

◉解説 ア．社内の備品や消耗品は，私用で使ってはいけない。イ．やむを得ず外出するときは，上司に届け出て許可を得る。そして周囲の同僚に帰社予定時刻を告げておく。ウ．勤務時間中は職務に専念する義務があるため，自分の携帯電話であ

っても，私用電話やメールをしてはいけない。

（5）イ

◉**解説**　会社では組織の一員として，助け合いながら仕事を進めるという意識が大切である。困っている同僚を自分が助けることもあれば，自分が困っている時には手伝ってもらえることもある。自分の仕事だけすればよいという態度では，職場の中でよい人間関係を築くことはできない。

▶ **p.67　練習問題⑮** ……………………………………

（1）エ

◉**解説**　社内ではジョブローテーションで各部署の仕事を経験し，それぞれの部署の人とも知り合いになるとよい。職場では自分の部署だけでなく，各部署と協力・連携して仕事に取り組む。そのためにも社内での人的ネットワークは必要である。

（2）エ

◉**解説**　ア．対等な立場で接し，横柄な態度をとったり，一方的に要求をつきつけたりしてはいけない。イ．社外の人にとっては実際に接している社員の印象が会社の印象となってしまう。ウ．副業を禁止している会社もあるため，必ず届け出て許可を得なければならない。

（3）ウ

◉**解説**　ア．一般的な広告である。イ．来店を促すものだが，顧客ごとに異なるものではない。エ．購入額に応じてサービスに差をつけることはあるが，店頭での接客態度に差をつけてはいけない。

（4）ウ

◉**解説**　フリーアドレスのことである。

（5）ウ

◉**解説**　一般的な販売促進の取り組みである。

第5章　コミュニケーションの役割と思考方法

▶ **p.70　練習問題⑯** ……………………………………

（1）ア

◉**解説**　イ．業務ではなく自由参加であるが，羽目をはずさないよう節度を持って接し，皆が楽しい席になるように気をつける。ウ．報告はメールではなく，口頭で行う。メールだと相手がいつ確認するかわからない。また，報告に対しその場で質問が出ても，すぐに答えることができるからである。エ．苦情処理など対応が難しい業務は，チームで対応し，自分一人で判断しないようにする。

（2）ア

◉**解説**　イ．周囲と良好な人間関係を築くためにも，

仕事を離れても敬意を持って接する。ウ．お互いの立場や考え方を尊重するように心掛ける。エ．すぐに連絡が取れるよう，行き先や席に戻る予定時刻を周囲に伝えておく。

（3）エ

◉**解説**　フォーマルコミュニケーションとは，会議や打ち合わせなど，公式な場でのコミュニケーションのことである。エは，インフォーマルコミュニケーションの説明である。

（4）ウ

◉**解説**　対応（アサーション）により，言いづらいことや断りづらいことと同時に自分の主張をしっかりと伝え，お互いを尊重し人間関係を築くことが大切である。この考えによると，ア．相手の立場を考えていない。イ．自分の気持ちを表せていない。エ．相手の立場も考えていないし，自分の気持ちも表せていない。

（5）ア

◉**解説**　ビジネスにおけるコミュニケーションでは，相手のことを迅速に理解し，自分の考えや商品の説明を行わなくてはならない。そのため，事前に商品知識を身につけることはとても重要である。

▶ **p.74　練習問題⑰** ……………………………………

（1）エ

◉**解説**　帰納法はデータから仮説を立て，結論を導く思考方法のため，一定以上のサンプルや事例の数が必要になる。

（2）エ

◉**解説**　複雑で大きな課題を，小さな要因に細分化し構造化することも，MECEで行うことができる。

（3）イ

◉**解説**　フレームワークは目的に応じて使い分ける必要があるため，各フレームワークの特徴を理解しておく必要がある。

（4）エ

◉**解説**　ア．SWOT分析では，内部環境と外部環境の双方から分析する。イ．内部環境とは，その組織や個人が有する強み・弱みのことである。ウ．外部環境とは，その組織や個人を取り巻く機会・脅威のことである。

（5）イ

◉**解説**　ア．「問題児」の領域のことである。ウ．「負け犬」の領域のことである。エ．「花形」の領域のことである。

▶ p.77 練習問題⑱ ‥‥‥‥‥‥‥‥‥‥‥‥

（1）ア

◉解説 最終的に合意を形成することを目的とするのではなく，与えられた立場の妥当性を証明し合うことを目的としている。

（2）エ

◉解説 反駁では，相手の立論の欠陥を証明し，論拠の一貫性のなさを追及する必要がある。

（3）イ

◉解説 ア．肯定側，否定側ともに尋問の機会が設けられているため，質問はその際に行う。ウ．ディベートは論理性を競うゲームであるため，感情的にならず常に冷静に思考をする必要がある。エ．データなどの客観的事実に基づいた立論，反駁を行わなければ，論拠の正しさを証明することはできない。

（4）イ

◉解説 審判団は，どちらがより客観的事実に基づいた立証や反証を行えたかで評価をする。

（5）エ

◉解説 交渉は，相手との合意形成が目的である。

第6章 ビジネスにおけるコミュニケーション

▶ p.85, 86 練習問題⑲ ‥‥‥‥‥‥‥‥‥‥

（1）ア

◉解説 進行役は次のことをするために必要である。①議論の流れを整理し，発言を促す。②出された意見を一つにまとめる。③タイムマネジメントをする。

（2）エ

◉解説 文章だけではわかりづらいことがある。適宜，画像やグラフなどを有効に利用することで，プレゼンテーションを受ける側の理解を助けることができる。

（3）ア

◉解説 一方的ではなく，双方が納得できる結論を導く。

（4）ア

◉解説 イ．交渉とはお互いの主張を踏まえて一定の合意を形成することが目的のため，相手の主張を聞いたり質問に答えたりすることは必要不可欠である。ウ．交渉は合意形成を目的とするため，関係を決裂させるような行為は慎むべきである。エ．交渉を円滑に進めるためには，本題に入る前に雑談で場を和ませることも必要である。雑談から，相手のニーズや趣向が把握できることもある。

（5）ア

◉解説 対応するようにするが，例えば事実の確認や事後の連絡など，きちんとした対応をするためにも相手の名前を確認しなくてはならない。

（6）ア

◉解説 目的や論点が明確でないまま進行してしまうと，話が違う方向に脱線したり，結論が曖昧になったりする。目的や論点は最初に明確にするべきである。

（7）ウ

◉解説 ア．お客が勘違いしていたとしても，早い段階で指摘するのではなく，最後まで話を聞いてから伝えるようにする。お客が感情的になっている場合，感情を逆なですることにもなりかねない。イ．一人だけで対応するのではなく，場面や内容に応じて上司や担当部署にも対応してもらうとよい。エ．記録を残し，同様のことが起こった場合に対処できるよう，社内で情報を共有する。

（8）エ

◉解説 交渉は，それぞれに要求を持つ者同士が，話し合いによって互いの要求をすり合わせ，お互いが納得できる結論を導き出す作業である。相手に尋ね返すような質問をしなかったり，相手からの質問に対して一方的に自分の気が済むまで説明したりしてはいけない。対等な立場で相手を尊重する姿勢が大切である。

（9）ア

◉解説 本番を想定したリハーサルを行うことで当日不足する点が明らかになり，より徹底した準備ができる。例えば，突然の機材トラブルへの対処方法や資料の提示のしかたの確認などができる。

（10）イ

◉解説 プレゼンテーションは，指定された発表時間内に終わらせなければならない。事前準備を入念に行い，決められた時間内で最大の効果が得られるようにする。

▶ p.90 練習問題⑳ ‥‥‥‥‥‥‥‥‥‥‥‥

（1）ア

◉解説 セールスポイントに絞って説明し，質問などがあれば細部についても説明する。

（2）エ

◉解説 ア．お客が最初に目にする商品説明のWebページでは，写真やセールスポイントをメインにするとよい。イ．プラスの情報だけでなく，マイナスの情報である欠点などについても記した方が

よい。ウ．手にとることができないため，サイズや重量などできるだけ詳しい情報を載せた方がよい。

（3）**ウ**

◉**解説** 商品を購入済みのお客に対してのアフターサービスとしてワークショップを行うこともある。また，店側にも実際に使用しているお客から使い勝手についての感想や困っている点を聞くことができるというメリットがある。

（4）**イ**

◉**解説** イベントや新商品の情報を発信したり，クーポン券を配布したりできるため，ソーシャルメディアは販売促進ツールとしても適している。

（5）**エ**

◉**解説** クチコミで得られた情報は，必ずしも信ぴょう性が高いとは言えない。

第7章 コミュニケーションとビジネススキル

▶ **p.97 練習問題㉑** ∙∙∙∙∙∙∙∙∙∙∙∙∙∙∙∙∙∙∙∙∙∙∙∙∙∙∙∙∙∙∙

（1）**エ**

◉**解説** ア．メモを取りながら聞くことは必要であり，失礼にあたらない。発言者にとっても「話を聞いてもらっている」ことが伝わるため，よい聞き手でもある。イ．自分の意見や考えを事前にまとめておけば，当日は会議に集中できる。ウ．円滑な進行のためにも，発言がすべて終わってから質問する。最後まで聞くと，疑問が解決・理解できることもある。

（2）**ア**

◉**解説** 議事録とは，会議の経過と決定事項，討議内容の概要をまとめ，情報共有を図るために作成するものである。決定事項が正しく書かれているか，内容が読みやすく簡潔にまとめられているかが重要で，発言の一言一句を時系列で記録する必要はない。

（3）**ウ**

◉**解説** ア．バズ・セッションのことである。イ．フォーラムのことである。エ．ブレーンストーミングのことである。

（4）**ウ**

◉**解説** アの形式の会議に適しているのは円卓型である。イの形式の会議に適しているのは教室型である。ウの座席配置はロの字型である。エの形式の会議に適しているのは公開討論型である。

▶ **p.107 練習問題㉒** ∙∙∙∙∙∙∙∙∙∙∙∙∙∙∙∙∙∙∙∙∙∙∙∙∙∙∙∙∙∙

（1）**イ**

◉**解説** 社外文書では敬意の高い謙譲語で「お願い申し上げます」とし，社内文書では丁寧語の「お願いします」とするとよい。

（2）**エ**

◉**解説** ア．速達について述べている。窓口で差し出しても郵便ポストに投函してもよい。イ．一般書留について述べている。書留には，現金を送るための現金書留と，料金が割安な簡易書留もある。ウ．配達証明について述べている。一般書留郵便とした郵便物に加算料金を支払うことで，配達した事実を証明するサービスである。

（3）**ア**

◉**解説** 相手が開封したかどうかを確認できる設定で電子メールを送信することはできるが，相手のメールソフトがその設定に対応していない場合などは，送信者が設定していても確認できない。

（4）**ア**

◉**解説** ①「ご高配」は，相手からの心配りを敬う表現である。「ご健勝」は，主に個人に宛てて使用する表現である。②前文で入金の御礼を述べている。このことから，商品やサービスの対価を請求するときに提示する書類である請求書ではなく，金銭授受の証明になる書類である領収書だとわかる。③「多少にかかわらず」という文章に合うのは「ご用命」である。「ご用命」とは，「依頼，商品などの注文」という意味の「用命」に尊敬を表す「ご」が付いた言葉で，「ご用命ください」とは，是非ご注文（ご依頼）ください，という意味である。

第10章 総合問題

▶ **p.120 ①** ∙∙∙∙∙∙∙∙∙∙∙∙∙∙∙∙∙∙∙∙∙∙∙∙∙∙∙∙∙∙∙∙∙∙∙∙∙∙∙

（1）**エ**

◉**解説** ア．「宣伝」や「広報」という意味である。イ．複数の学部を持つ総合大学のことである。ウ．内閣府の定義によれば，ICT等の新技術を活用して，都市のインフラや施設の運営業務などを最適化し，地域の諸課題の解決や生活者の利便性の向上を目指す持続可能な都市のことである。

（2）**ウ**

◉**解説** 特別なことは必要なく，子どもの視点に立ち，思いやりを持って接することが必要である。ア．イ．時と場面により大きな声で話しかけることや子どもを楽しませることが必要になることもあるが，常に行う必要は無い。エ．子どもへの素

っ気ない対応は，購買決定権者である親の印象も
よくない。

（3）ア

◉**解説**　イ．正確な商品説明も大切であるが，お客
の質問に答え，お客の購入意欲を高めることが重
要である。ウ．現代はインターネットを通してさ
まざまな情報を得ることができるため，こうした
場合に自社の弱い部分を認めなかったりごまかし
たりしても，いずれお客は気付き信頼を失ってし
まう。弱点は認め，代わりに自社の強みを活かし
た提案などをするとよい。エ．わからないことは
確認してから答える。不正確な回答は，説明と商
品の内容が違うなどの契約後のトラブルを招きか
ねない。

（4）エ

◉**解説**　お客の負担になるような提案はしてはいけ
ない。また，口頭で伝えることは，内容が不正確
に伝わってしまうことにもなりかねない。

（5）イ

◉**解説**　許可なくキャラクターを利用した粗品を作
成することは，商標権などの侵害にもあたる違法
な行為である。

▶ **p.122**　2 ………………………………………

（1）イ

◉**解説**　ア．先客優先であるから電話の相手を優先
する。ウ．来店客には，椅子をすすめるなど目や
しぐさで合図をして待ってもらう。エ．接客中の
お客を優先させるため，この店員に頼むことはで
きず，自分で対応することが確実である。

（2）エ

◉**解説**　ア．お客を責めることになってしまう。イ．
お客の勘違いであったとしても，二度手間をかけ
させることになるので，お客の意に添える対応を
する。ウ．その場にいる社員が，できる限りの対
応をする。

（3）イ

◉**解説**　ア．機械的に指示を受けた順番に仕事をす
るのではなく，指示を出した人に優先順位を確認
する。ウ．役職が上の人から頼まれた仕事を優先
するのではなく，仕事の内容によって優先順位を
決める。決めるのは上司との相談による。エ．自
分が引き受けた仕事を同僚に頼む権限はない。こ
なすのが難しそうなら，上司に相談する。

（4）エ

◉**解説**　ア．事情は臆測（おくそく）ではなく，正確に確認し，

相手に伝える。イ．約束の時間を過ぎているのだ
から，まずお詫びをし，状況がわからなければ確
認し，伝えるべきである。ウ．遅れている事情を
確認した上で相手の事情を聞き，意向に添える対
応をする。自分だけで判断できないときは上司に
相談し，指示を受ける。

（5）ウ

◉**解説**　お客で立て込んでいる場合は，手が空いて
いる別の店員に応援を頼んだり，事情を説明して
並んでいるお客の理解を得るようにつとめる。ま
た，先客優先が原則であり，順番を抜かすべきで
はない。

▶ p.126〜131　□1 ……………………………

（1）エ

◉**解説**　仕事中に上着を脱ぐ場面に備え，上着を着た際には隠れて見えていない部分にも気を配る必要がある。

（2）ウ

◉**解説**　布製のトートバッグでは，訪問先でカバンを足元に置いたときに自立しない。また，開口部にファスナーや留め具が無いため，契約書などの重要な書類を持ち運ぶには不向きである。自立し，開口部のファスナーと持ち手のついたバッグを選ぶとよい。

（3）ア

◉**解説**　イ．後ろで手を組む行為は，横柄な態度や何かを隠し持っているかのように見え，相手に不信感や失礼な印象を与えてしまう。手は前で組むか体の横につける。ウ．正対し，両手で相手が受け取りやすい向きと位置で手渡すと，受け取る相手への印象がよくなる。エ．人差し指でさすと，相手を責めたり指示したりするように見え，きつい印象となってしまう。手のひらを相手に向け，指先をそろえて方向や対象となるものを指し示すと，より印象のよい対応となる。

（4）イ

◉**解説**　「ご苦労さま」は目上の人が目下の人へ労をねぎらう際に使う言葉であり，先輩に使うべきではない。「お疲れさまでした」という敬語表現や「今日もご指導ありがとうございました」などを使用するとよい。

（5）エ

◉**解説**　お辞儀を繰り返すと，相手に軽々しい印象を与え，お詫びの気持ちが伝わらないばかりか，逆効果である。丁寧なお辞儀を心がける。

（6）ウ

◉**解説**　自分の動作に使う謙譲語の「参る」に簡易な敬語である「れる・られる」をつけても，相手の動作を高める尊敬語にはならない。「いらっしゃる」とする。

（7）エ

◉**解説**　ビジネスにおいてだけでなく日常生活においても，相手が年上か年下かは関係なく，お互いを尊重する気持ちが大切である。相手が年下であっても，相手を尊重し敬意を表し，自分の気持ちや誠実さを伝えるために，敬語を使用する。

（8）イ

◉**解説**　ア．尊敬語の基本形「お○○になる」に簡易な敬語表現である「れる・られる」をつけると二重敬語になり，不適切である。ウ．「おっしゃいました」とする。二重敬語の「おっしゃられました」としない。エ．「伺う」は自分の動作に使う謙譲語である。「お尋ねください」「お申し付けください」とする。

（9）ア

◉**解説**　「いたしかねます」「できかねます」と肯定形でソフトに言い，それでも相手が納得しないときは「できません」とはっきり言う。「できない」に「です・ます」をつけても敬語にはならない。

（10）エ

◉**解説**　ア．基本は内（自分側）→外（相手側），職位や年齢が高→低が基本である。イ．受け取った名刺は，相手の名前を覚えるまで席順にテーブルの上に置いておく。ウ．名刺は初対面の相手に渡すものであるので，会社名・所属部署・名前をはっきりと名乗ってから渡す。

（11）イ

◉**解説**　（10）ア．と同様である。職位や年齢にかかわらず，相手側に先に情報を伝える。よって部長Cを取引先社員Bに紹介する。

（12）ウ

◉**解説**　手土産はよい関係を築いたり，相手に対して感謝の気持ちを伝えたりするきっかけとなる。高価なものはかえって相手に気を遣わせてしまうので，訪問先の地域ではなかなか手に入らない手ごろな価格のもので，個包装で分けやすいものを選ぶとよい。

（13）ア

◉**解説**　見送りまでがもてなしである。帰りをせかすような振る舞いをせず，相手が支度をする間は雑談などをしつつ，見送る態勢をとる。

（14）ウ

◉**解説**　ア．茶葉が開く30秒〜1分程度蒸らせばよい。このときに急須を回すと苦みが増してしまう。イ．茶碗と茶托を盆に別々にのせて運び，応接室でセットする。テーブルには一人分ずつ出す。エ．商談中は話の邪魔にならないよう笑顔で無言でお茶を出す。その際，「どうぞ」と手のしぐさですすめる。

（15）ア

◉**解説**　「こちらは○○会社でございますが，どちらへおかけでしょうか」と丁寧に応対する。間違い

電話への応対でも，相手へ感じの良い印象を与えることを心がける。将来のビジネスにつながるきっかけとなることもある。

(16) ア

◉解説 「お電話が遠いようですので，もう一度おっしゃっていただけますか」と丁寧に言うと，相手に聞き取りにくいことが伝わる。

(17) イ

◉解説 ア．ウ．エ．相手を責めるような言い方をするべきではない。イ．のように「クッション言葉」＋「依頼形」にすると，相手は快く対応してくれる。

(18) イ

◉解説 「冠婚葬祭」の場であるので，主催者や参加者に違和感や不快感を与えてしまうことがないよう，TPOを意識することが必要である。靴はスラックスに合わせた型，色（黒・紺・茶）にする。つま先のデザインはストレートで，ひもを通す羽の部分が内側に縫い付けられたデザインがフォーマルの場にふさわしいとされる。

(19) エ

◉解説 読経と焼香が済んだタイミングで静かに退席する。事前に遺族に伝えておき，受付に挨拶をして帰るとよい。葬儀の最中に伝えるべきではない。

(20) ウ

◉解説 鉢植えは「根付く」→「寝付く」と連想され，縁起が悪いとされる。花を持参するときは菊以外の切り花がよい。

(21) ウ

◉解説 うどんやそばは，麺と出汁を同時にかまずに飲み込むことで，のど越しと香りを楽しむことができる。すすることで味覚だけでなく，臭覚や触覚も使い麺類をよりおいしく味わえ，すする際の音は一般的に出るものとして認知されている。海外では，音を立てて食事をすることはマナー違反とされている国や地域が多いが，こうした麺類の食べ方は，日本の食文化のひとつとも言える。

(22) ア

◉解説 これは「迷い箸」の説明である。また，「ねぶり箸」とは，箸先を口の中に入れてなめることである。これらの箸使いは，いずれも相手に不快感を与えるもので，食事中にするものではない。

(23) エ

◉解説 椅子の上に置くと「食事中」のサインである。軽くたたんでテーブルの上に置き席を立つ。

きれいにたたんでしまうと，料理に満足しなかったことのメッセージとなる場合があるので注意する。

(24) イ

◉解説 Attention（①注目：商品の存在を知る）→Interest（②興味：商品に興味をもつ）→Desire（③欲望：商品を欲しいと強く思う）→Conviction（④確信：自分の選択に納得して買いたいと思う）→Action（⑤行動：商品の購入に至る）

(25) ウ

◉解説 閉店の10分前であるから，営業時間内である。退店を促すのは，用があって訪れたお客に対して大変失礼な対応である。閉店作業は閉店時間になり，お客がすべて帰った後で行う。

▶ p.132～135 ②‥‥‥‥‥‥‥‥‥‥‥‥

(1) イ

◉解説 ア．監査役会は監査役で構成される。ウ．経営に関する重要事項を協議・執行する機関は常務会であり，常務取締役以上の役付取締役で構成される。エ．株主総会の説明である。

(2) ウ

◉解説 審判団は途中段階での優劣を発表することはない。最初から最後まですべての議論を聞き，最後に判定を行う。

(3) ア

◉解説 SWOT分析とは，自社の存続に影響を及ぼす様々な要因を，自社を取り巻く外部環境（機会・脅威）と内部環境（強み・弱み）の双方から整理するためのフレームワークである。イ．「弱み」ウ．「脅威」エ．「強み」である。

(4) ア

◉解説 訪問のアポイントや会議の案内状の送付は開催日の3～4週間前に行ったりする。効率的に先を見通し計画を立てるには，遅くとも前月初めには完成させすぐに共有する。

(5) エ

◉解説 ア．少しの間であっても，個人情報を取り扱う資料は鍵のかかる場所に保管したり，パソコンはパスワードをかけたりするなどしなくてはならない。イ．複数の仕事を並行して行うことはよくある。その仕事の期限や今取り組んでいる仕事との優先順位を上司に相談し判断してもらうなど，効率よく仕事を進める工夫が必要である。ウ．トラブルが発生した場合は自分だけで判断して行動するのではなく，上司に報告し判断してもらった

うえで行動する。

（6）ア

◉解説　フォーマルコミュニケーションは，会議など公式な場での協議や発言のことである。

（7）ウ

◉解説　来店を促すメールを送ることはあるが，来店しない理由の回答をさせることは，顧客との信頼関係を高めることにはつながらない。

（8）エ

◉解説　ア．主に情報伝達を目的とする場合は教室型がよい。イ．討論者が聴衆から見えやすいように公開討論型がよい。ウ．お互いの顔が見えて意見交換をしやすいのは円卓型である。

（9）ウ

◉解説　制限時間を守り，簡潔でわかりやすい説明と効果的な資料の提示が必要である。そのためには，機械トラブルなどハプニングが起こらないよう，十分なリハーサルを行うことが必要である。

（10）イ

◉解説　第三者を装った自作のレビューを掲載することは，「景品表示法」により規制の対象となり，内容によっては法による処罰やサイト利用の停止を受けることがある。調査や根拠のない「他社より優れている」「地域最安値」などのレビューが原因で消費者の誤解を招き，適切な商品・サービスの選択を妨げることになるからである。

（11）イ

◉解説　ア．稟議書の説明である。ウ．送り状の説明である。エ．依頼状の説明である。

（12）エ

◉解説　ビジネスでの挨拶状はお礼，お詫び，会社の移転など，企業を代表した立場として相手に書くものなので，礼儀正しく相手への感謝や経緯が伝わるよう，形式にのっとって書く。

（13）ウ

◉解説　進行役は，特定の人だけが発言しないよう，全員に発言する機会を与えるようにする。この他にも，論点がずれたら議論の流れを修正したり，論点や意見が明確になるように質問したりする役割もある。

（14）ア

◉解説　著名人には一般の人と同じく肖像権，プライバシー権があるのに加え，パブリシティ権（顧客集客力がある経済的価値）がある。大きな損害や法的措置に発展する恐れがあるため，安易な投稿をするべきではない。

（15）イ

◉解説　ア．ビジネスでのメールは業務時間内に送信するもので，できる限り深夜，早朝，休日の送信は避ける。ウ．電子メールの本文が文末まで切れずに届いていることを示すためにも，送信者の名前や所属を記載することで責任の所在を明確にする。したがって，最後に署名をつけることは必要である。エ．メールは礼儀正しく，用件をわかりやすく正確で簡潔に伝える。文字化けや送信上のトラブルを引き起こす原因にもなるので，絵文字や顔文字，○付き数字などの機種依存文字は使用しないようにする。

▶ p.136〜137　③‥‥‥‥‥‥‥‥‥‥‥‥‥‥‥

（1）ウ

◉解説　ブラザー・シスター制度とは，新入社員1名に対し，同じ部署にいる年齢の近い先輩社員が1名つき，仕事のやり方や社会人としての心がまえ，悩みの相談などを行う。きめ細やかな指導をすることでコミュニケーションを円滑にし，早期離職を防ぐ制度のことである。

（2）エ

◉解説　まずは事実を確認してから対応をする。そのため，ア．イ．ウ．のようにお客を責めたり疑ったりするような対応をしてはいけない。

（3）エ

◉解説　ア．事実を確認し，「必ず」ではなく可能な限りお客が納得のいく対応をする。イ．丁寧に修理対応のルールを説明し，お客により対応を変えることはしない。ウ．しっかりと事実を確認したうえで，説明してもお客が納得せず，自分では対応できないと判断したら，先輩や上司に報告し対応してもらう。

（4）イ

◉解説　個人情報保護法の規定により，今回の連絡のみに使うこと（使用目的）をきちんと告げ，相手の了解を得たうえで，個人ではなく会社として連絡先を記録する。

（5）ア

◉解説　イ．修理対応の手順やルールを社員で共有し対応できるようにすればよいので，張り紙をする必要はない。ウ．誠実に修理対応をすればよいので，粗品を送る必要はない。エ．苦情ではなく，メーカーとも手順や対応の仕方を確認し，社内でもその情報を共有することで，同じような状況に対応できるようにする。

▶ p.138〜139 ④ ‥‥‥‥‥‥‥‥‥‥‥‥‥

（1）エ

◉**解説**　ア．イ．ウ．のような対応をしても解決は
しない。誤送信をしてしまった場合に取るべき対
応は次のとおりである。①まず上司に相談し，影
響範囲を整理する。②取り急ぎメールの送信相手
に電話でお詫びとメールの削除を依頼する。③お
詫びや原因，対処内容，今後の対策を含めたメー
ルを送る。④社内で情報を共有する。⑤ホームペ
ージなどでの公表と謝罪を行う。

（2）イ

◉**解説**　タイミングを見計らい，謙虚な気持ちでお
願いする。自分ができることがあれば手伝いを申
し出るなど，相手の不安を解消する提案もしてみ
る。頼みごとを引き受けてくれるかどうかは，日
ごろの人間関係も影響する。日ごろから仕事を手
伝う，周囲へ気遣いをするなどコミュニケーショ
ンを積極的に取るようにするとよい。ア．待つだ
けでは何の解決にもならず，社外文書を送るとい
う目的も達成できない。ウ．このような言い方で
は今後二度と仕事を受けてもらえなくなる。エ.
相手を責めても目的は達成できない。

（3）ア

◉**解説**　これはワーキング・プアの説明である。イ
ンフルエンサーとは，ソーシャルメディア（SNS）
で絶大な支持をもち，人々の思考や行動に対して
大きな影響力をもつ人物を指す。

（4）ウ

◉**解説**　ア．接待では相手に不快な思いをさせない
よう気配りをする。また，席次には居心地よく過
ごしてもらえるようもてなしの気持ちが込められ
ている。そのため，入口から遠く床の間を背にす
る側が上座となり，席次は決まっている。イ．役
職に関係なく，接待を受ける側が上座に座る。エ.
接待を受ける側で職位が高い順にB→A→D→C
の順に座る。

（5）イ

◉**解説**　この祝儀袋は「のし」のついた蝶結びの水
引が使われている。入学や出産，長寿のお祝いな
ど何度あってもよいお祝い事に使われるものであ
る。したがって「結婚祝」や「見舞い」には使わ
ない。

令和5年度
第13回　ビジネスコミュニケーション検定試験　模範解答

1

	(1)	(2)	(3)	(4)	(5)
	エ	ウ	ア	イ	エ
	(6)	(7)	(8)	(9)	(10)
	ウ	エ	イ	ア	エ
	(11)	(12)	(13)	(14)	(15)
	イ	ウ	ア	ウ	ア
	(16)	(17)	(18)	(19)	(20)
	ア	イ	イ	エ	ウ
	(21)	(22)	(23)	(24)	(25)
	ウ	ア	エ	イ	ウ

（各2点）　小計　50

2

	(1)	(2)	(3)	(4)	(5)
	イ	ウ	ア	ア	エ
	(6)	(7)	(8)	(9)	(10)
	ア	ウ	エ	ウ	イ
	(11)	(12)	(13)	(14)	(15)
	イ	エ	ウ	ア	イ

（各2点）　小計　30

3

	(1)	(2)	(3)	(4)	(5)
	ウ	エ	エ	イ	ア

（各2点）　小計　10

4

	(1)	(2)	(3)	(4)	(5)
	エ	イ	ア	ウ	イ

（各2点）　小計　10

試験場校　　　　受験番号　　　　総得点　100